ゲンロン戦記

「知の観客」をつくる

東 浩紀
批評家・作家

709
中公新書ラクレ

まえがき

ぼくは1971年生まれの批評家である。1990年代に批評家としてデビューし、2000年代にはそれなりにメディアに出ていた。本書を手に取った読者には、そのころのぼくを記憶されている方も多いかもしれない。

けれどもぼくはそのあと、メディアから距離を置き、東京の片隅に引きこもって小さな会社を経営することを決意した。その会社の名が、本書のタイトルになっている「ゲンロン」である。

ゲンロンは2010年に創業された。2020年で10年になる。本書はそんな10年の歩みをぼくの視点から振り返った著作である。

本書は批評の本でも哲学の本でもない。本書で語られるのは、資金が尽きたとか社員が逃げたとかいった、とても世俗的なゴタゴタである。そこから得られる教訓もとても凡庸なものである。

ゲンロンは、関連会社を含めても売り上げが3億円に届かない小さな会社である。これから急成長が期待されるわけでもないし、社会貢献をしてきたわけでもない。そんな会社の奮闘記になんの公共性があるのかといくども編集部に問いただしたが、その凡庸さが魅力的なのだと説得されて出版の運びとなった。正しかったかどうかは、読者に判断してもらうしかない。

ゲンロンの10年は、ぼくにとって40代の10年だった。そしてその10年はまちがいの連続だった。ゲンロンがいま存在するのはほんとうは奇跡である。本書にはそのまちがいがたくさん記されている。まがりなりにも会社を10年続け、成長させたのは立派なことだとぼくを評価してくれていたひとは、本書を読み失望するかもしれない。本書に登場するぼくは、おそろしく愚かである。

ひとは40歳を過ぎても、なおかくも愚かで、まちがい続ける。その事実が、もしかりに少なからぬひとに希望を与えるのだとすれば、ぼくが恥を晒したことにも多少の意味があるだろう。

本書は語り下ろしである。ノンフィクションライターの石戸諭《さとる》氏が5回にわたる談話をまとめ、それにぼくが手を入れて本書が成立した。石戸氏の労に感謝したい。

東 浩紀

目次

第2章 挫折

第3章
ひとが集まる場

第4章
友でもなく敵でもなく

第5章
再出発

第6章
新しい啓蒙へ

ゲンロン戦記

「知の観客」をつくる

ゲンロンは、2010年4月に創業した小さな会社です。2020年で10周年を迎えました。

ゲンロンは、学会や人文界の常識には囚われない、領域横断的な「知のプラットフォーム」の構築を目指しています。思想誌『ゲンロン』や単行本シリーズ「ゲンロン叢書」の出版のほか、東京・五反田にあるイベントスペース「ゲンロンカフェ」の企画、チェルノブイリへの「ダークツーリズム」、市民講座「ゲンロンスクール」の開催、動画配信プラットフォーム「シラス」の運営などを行なっています。

ゲンロンは、未来の出版と啓蒙は「知の観客」をつくることだと考えています。あらゆる文化は観客なしには存在できません。そして良質の観客なしには育ちません。権力か反権力か、「友」か「敵」かの分断を解き放ち、自由に観客が集まったり考えたりする場が必要です。

哲学（フィロソフィー）はもともと、古代ギリシア語で知（ソフィア）を愛する（フィロ）ことを意味する言葉でした。哲学の起源に戻り、知をふたたび愛されるものに変えること。それがゲンロンのミッションです。

第1章　はじまり

2011年２月26日。第１回友の会総会にて。右は村上隆氏。
撮影＝ゲンロン

1　前史

2010年代の「戦い」の記録

なぜゲンロンという会社を立ち上げたのか。それは時代と無関係ではありません。まずは大きく時代から振り返ってみます。

株式会社ゲンロンは2010年4月に創業しました（正確には創業時には「合同会社コンテクチュアズ」ですが、実質的には同じ会社なので、以後はとくに必要のない限りゲンロンの名称で統一します）。ですから、ゲンロンの10年には2010年代がそのまま重なっています。この時代は、SNSが社会に大きな影響力を与えるようになりました。2010年代はSNSの10年ともいえます。日本においてとくに影響力が強いのはTwitterです。

Twitterはアメリカで2006年に創業されました。日本語版が始まったのが200

8年のことです。Facebookは2004年の創業で、日本語版の開始は同じく2008年になります。けれども、SNSが爆発的に普及するのは2010年代のことです。日本で2010年代の始まりを告げた象徴的な出来事は、2011年3月11日の東日本大震災と東京電力福島第一原子力発電所事故です。この出来事は日本でSNSを普及させる原動力になりました。Twitterは震災を機に一気に普及したことが知られています。それは政治の風景も変えていきました。震災後は原発再稼働に反対する官邸前デモが起こり、2010年代後半にはSEALDsのような新しいデモのかたちを生み出していきます。それらはSNSがなければ存在しなかったでしょう。

世界的には、2010年末から11年にかけていわゆる「アラブの春」が起きましたが、そこでもSNSが大きな役割を果たしました。他方で、SNSは各国で人々の分断も生み出しました。2010年代後半には、イギリスでEU離脱が国民投票によって決まり（2016年）、アメリカではトランプ政権が誕生する（2017年）など、市民の分断を印象づける出来事が相次ぎます。その背後にSNSが引き起こす政治的分極化があったことはいまではよく知られています。2019年には香港の民主化デモが話題になりましたが、あの大規模化もSNSがなければ考えられません。いまでは、体制側も反体制側も、みながSNSで動員合戦を繰り返す状況になっています。

SNSと民主主義が結びつくことには良い面が多くありました。けれども負の面もあった。その二面性が明らかになった10年でした。

とりわけ問題なのは、SNSが普及するとともに、言論においても文化においてもまた政治においても、しっかりとした主張のうえで地道に読者や支持者を増やしていくよりも、いまこの瞬間に耳目を集める話題を打ち出して、有名人やスポーツ選手を使って「炎上させる」ほうが賢く有効だという風潮になっていったことです。そのような戦略は、短期的・局所的には有効かもしれませんが、長期的・全体的には確実に文化を貧しくしていきます。いま日本ではリベラル知識人と野党の影響力は地に堕《お》ちていますが、その背景には、2010年代のあいだ、「その場かぎり」の政権批判を繰り返してきたことがあると思います。

これから本書で話すことは、ゲンロンがいかにその風潮に抗《あらが》い、「べつの可能性」を生み出してきたかという悪戦苦闘の歴史でもあります。まえがきにも記したように、ゲンロンは小さな会社です。本書には有名人も有名な事件もほとんど出てきません。にもかかわらず本書を出版したのは、ゲンロンのような「戦いかた」もあるよと、多くの読者に知ってもらいたかったからです。

ネットの夢が語られたゼロ年代

２０１０年代はネットへの失望が広がった時代ですが、そのまえの２０００年代は対照的にネットの夢が語られ続けた時代でした。とくに政治的な面で、ネットの出現で民主主義が変わるという理想論が信じられていました。ぼくも例外ではなく、人々の無意識の意見を情報技術で集約し可視化することで、合意形成の基礎にすえるべきではないかという新しい民主主義のありかたを提唱したことがあります。その原稿は２０１０年代に書かれたのですが、出版は震災後の２０１１年11月になりました（『一般意志２・０』講談社）。

２０１０年代の10年間、ゲンロンはＳＮＳが生み出す負の効果と戦い続けてきたと言いました。けれども、ゲンロンができるまえは、逆にネットについては肯定的な可能性ばかりが語られていたのです。この時代の変化が、ゲンロンのいささかわかりにくい立場を生み出すことになります。ゲンロンは、ネットの力を信じることで始められたプロジェクトです。けれども、起業したあとは、ネットの力はどんどん信じられなくなっていった。その狭間で苦闘してきた10年でした。

少しぼくのキャリアの話もしておきます。２００３年から０６年にかけて、ぼくは国際大学ＧＬＯＣＯＭ《グローコム》（グローバルコミュニケーションセンター）に３年ほど籍を置いていたことがあります。六本木のビルの１フロアの小さな研究所ですが、慶應義塾大学ＳＦＣ（湘南藤沢キャンパス）とともに、日本のインターネット草創期をリードした重要な研究機関だといわれています。ぼくがいたころは情報社会学者の公文《くもん》俊平さんが所長を務めていて、全盛期の名残がありました。研究費の多くはＮＴＴや経済産業省からの受託研究で賄い、政府系のシンクタンクの側面ももっていました。

ぼくのこの経歴はあまり注目されていないのですが、ゲンロン創業を考えるうえではとても重要です。ぼくは１９７１年生まれなので、ＧＬＯＣＯＭに入所したときは30歳過ぎでした。30代前半で、最先端の研究者や起業家たちと接しながら、ネットが社会を変えるというテーマをじっくり考えることができたわけです。いまは学会にはまったく出なくなりましたが、当時はときおり参加していました。のちニュースアプリ「スマートニュース」の開発で成功を摑む鈴木健さんが同僚にいて、親しくしていました。彼が中心の学会に顔を出して議論を交わしていたことを覚えています。論壇誌『中央公論』で「情報自由論」を連載したのもこのころです。

ゲンロン創業前はマスコミにも積極的に関わっていました。『朝まで生テレビ!』に出演した最初の回で、スマホを片手にSNSの可能性を力説したことをよく覚えています。それが田原総一朗さんと番組スタッフの印象に残ったようで、しばらくのあいだ頻繁に声がかかるようになった。当時のぼくは、「ネットで社会は変わる」と主張する論客という位置づけになっていたと思います。そのポジションを取れたのは、GLOCOM時代の経験と知識があったからです。

オルタナティブとの出会い

もうひとつゲンロンにつながる動きを話しておきます。ぼくは1993年の学部生時代に批評誌でデビューしました。その後1998年にフランス現代思想を主題とする哲学書を出版し、このはじめての単行本がサントリー学芸賞を受賞しました。その時点では、「若いのにむずかしいことを書く哲学者」という位置づけでした。

けれども、昔からの読者は知っていると思いますが、当時すでにぼくの仕事には二面性がありました。ぼくはアカデミックな仕事とはべつにサブカルチャー批評の雑文も書いていて、そこでもそこそこ有名だったのです。そのなかでいまにつながる経験になったのがSFコミュニティとの出会いでした。

ぼくはもともとSFの読者でした。けれども大きな集まりに行ったことはなかった。ところが2001年に千葉の幕張メッセで日本SF大会が開かれるとのことで、はじめて参加したんです。そして大きな衝撃を受けました。

そこにはぼくが探していた「オルタナティブ」がありました。オルタナティブとは、メインストリームに取って代わる価値観のことです。オルタナティブな価値観を抱く人々がいるからこそ、旧体制が壊れ、新しい文化を生み出す。ぼくは当時すでに何冊か本を出していて、文壇では知られる存在になっていました。けれども、文芸誌や論壇誌は古くさくて居心地が悪かった。ところがSF大会には、文芸誌や論壇誌には登場しない、けれど何十万部も売れている作家たちが集まっていて、独自のネットワークをつくってファンと交流していたんですね。ディスカッションも高度だった。「なんだ、これこそオルタナティブじゃないか」と驚きました。

いまでも変わりませんが、文芸誌や論壇誌に集まるひとというのは、オルタナティブが必要といいながらも、基本的には権威主義で、エンタメとかアマチュアの世界を下に見ている。それじゃいけないんです。SF大会との出会いをきっかけに、こういうオルタナティブな場に真剣に向きあわなきゃいけないと思うようになりました。同年に『動物化するポストモダン』（講談社現代新書、2001年11月）を出したこともあり、そのあとしばらくサブカルチャー批評に耽溺《たんでき》していくことになりますが、それはアニメが好きとかゲームが好きとかいったジャンルの話ではなかった。大事なのはオルタナティブということだったんですね。

ネットとの出会いとオルタナティブとの出会い、このふたつがゲンロンの創業につながっていくことになります。

「若手論客」から離れて

さらに欠かすことができないのは、２０００年代末の「若手論客」ブームです。直接にはこちらが起業の出発点となります。

２０００年代後半から１０年代にかけて、日本の論壇には「ゼロ年代系」と呼ばれる若手論客が一気に出てきました。いまは30代後半から40代前後で、テレビやラジオ、出版などで活躍しています。ぼくは一時期彼らを積極的に支援していて、ゲンロン創業時には彼らも力を貸してくれました。当時は、そういう人々を集めて「若手論客の新しい活躍の場」をつくろうという目論見がありました。

結果的にはその目論見は実現しませんでした。その理由はぼく自身の弱さにあります。詳しくはおいおい話しますが、現時点でひとことだけ言っておくと、ぼくと彼らではそもそもの目的がちがいました。ぼくは、いま述べたようにとにかくオルタナティブな場をつくりたかった。でも若いひとはそう考えていなかった。

若いときには、ひとはだれでも世界を変えたいと思います。でもそれはオルタナティブでありたいという思いとは関係ない。若者は、先行世代を追い出せば業界が変わると考える。でもじっさいにはテレビも新聞もつねに新しいコメンテーターを必要としているし、論壇も文壇もつねに新しい書き手やスターを送り出したいわけです。だから、若い世代が先行世代からポジションを奪ったとしても、業界全体の構造を変えることにはならない。ほんとうはもっと原理的なことを考えなければいけない。でもそこがわからないひとが多かった。

加えて、彼らの一部が、先行世代からポジションを奪うためにやたらと「おれたち」で結束するのも苦手でした。いまふうにいえば、ゼロ年代の若手論客はじつにホモソーシャルで、「おれたち」以外の人間に対して排他的だった。ぼくはある時期まで彼らの先輩として振る舞っていたのですが、だんだんとぼく自身も排除されるようになり、距離を取るようになりました。

いずれにせよ、ゲンロンを創業するまえの2000年代には、まだネットにも期待していたし、若い世代にも期待していた。ゲンロンはそういう空気のなかでつくった。けれども、じっさい組織をつくって運動を始めてみたら、ぼくはどんどんネットにも若い世代にも失望していくようになった。２０１０年代はぼくにとってそういう10年でした。

本物の人生はべつにある？

それでも、オルタナティブへの渇望だけは残り続けました。

さきほど創業時に『朝まで生テレビ！』に出ていたという話をしましたが、それだけではありませんでした。ぼくは大学でもちゃんと職探しに成功していて、２０１０年から１３年にかけて早稲田大学の任期付き教授として働いていました。ちなみにそのときの教え子のひとりが、これからしばしば登場するゲンロンの社員で、いまは取締役になっている徳久倫康《とくひさのりやす》くんです。

またぼくは論壇でも評価されていて、２０１０年から１１年にかけては朝日新聞の論壇時評も担当していました。これはかなりの抜擢だったと聞いています。加えて２０１０年には、はじめて書いた長編『クォンタム・ファミリーズ』（新潮社、２００９年12月）で三島由紀夫賞を受賞しました。批評家の小説がプロに評価されることはあまりないので、かなり話題になりました。ひとことでいえば、30代も終わりを迎えて、人生上り調子で、収入も増えていたわけです。

そんななか、娘もまだ小さかったし、会社経営に乗り出す必要はどこにもありませんでした。というか無謀です。最近、妻（ほしおさなえ）によく止めなかったねといったら、止めたけど聞かなかったのだと苦笑されました。

当時の焦りを思い出すのはむずかしいのですが、ぼくはたぶん、なにか強い居心地の悪さを感じていたんだと思います。メインストリームに対する居心地の悪さです。早稲田大学、朝日新聞、三島賞。いずれもメインストリームです。アカデミズム、ジャーナリズム、そして純文学。ぼくが好きなのはオルタナティブであることなのに、いつのまにかメインストリームのど真ん中にいて、世間的な役割も求められ始めていました。それを果たせばお金も手に入るのだろうし、偉くもなるのだろう。でもそれは本物の人生ではないのではないか、という危機感がありました。それこそが、ゲンロンの出発点にあったものです。

とはいえ、危機感があればいいというわけではありません。その危機感の空回りが引き起こす滑稽な失敗の連続が、本書前半の主な話になります。

経営する哲学者

ところで、さきほどGLOCOMの3年間がゲンロンの起業において大きな経験になったという話をしました。それはなにかというと、単純にエクセル（表計算ソフト）が使えるようになったんですね。

ぼくはGLOCOMでは最終的に「副所長」という肩書きまでいただきます。形式的なものでしたが、いちおう会議に出て、人件費などを確認する立場になりました。当時は「なんでこんなのを見なければいけないんだ」と感じていて、じっさいそれが嫌になったのも退所の原因のひとつだったのですが、いま振り返ると良い経験になりました。

人件費の表を見て印象に残ったことがあります。研究員には有期雇用や業務委託が多く、事務職員が正社員になっていました。簡単にいえば、研究員は非正規雇用で、事務職員は正規雇用だったわけです。当時のぼくは疑問に思いました。研究所を名乗る以上、研究員が主体であるべきであり、事務職員こそ外注で賄うべきではないかと。

だから、ゲンロン創業のころは、また創業後もしばらくのあいだは、ゲンロンは「コンテンツをつくる人間だけが集まる組織であるべきだ、経理や総務のような面倒な部分はすべて外注で賄うべきだ」と思っていました。それどころか最初は、2000年代のネット万能論の熱を受けて、「オフィスを構えるなんてもう古い、すべてオンラインで大丈夫だ」とすら考えていました。じっさい、ゲンロンは創業からしばらくオフィスがありません。半年近く経ってようやく小さなシェアオフィスの一角を借りましたが、それまでは打ち合わせも書類の捺印もすべて喫茶店でやっていました。五反田に安いオフィスビルを見つけ、従業員が働けて会議もできるようなオフィスを構えたのは、創業1年後のことです。

でもいまは、当時の考えがまちがいだったとわかっています。これから順に語っていきますが、会社の本体はむしろ事務にあります。研究成果でも作品でもなんでもいいですが、「商品」は事務がしっかりしないと生み出せません。研究者やクリエイターだけが重要で事務はしょせん補助だというような発想は、結果的に手痛いしっぺ返しを食らうことになります。

本書ではいろいろなことを話しますが、もっとも重要なのは、「なにか新しいことを実現するためには、いっけん本質的でないことこそ本質的で、本質的なことばかりを追求するとむしろ新しいことは実現できなくなる」というこの逆説的なメッセージかもしれません。

10年間、ぼくはさまざまなひとから、東浩紀はゲンロンの経営なんてやめるべきだ、本の執筆のような「本質的なこと」に時間を割くべきだと忠告されてきました。好意はありがたかったのですが、その忠告はまちがっていたと思います。ゲンロンという会社を経営し、続けること、それそのものがぼくの哲学の実践であり表現です。ぼくの哲学は、「本質的なこと」に閉じこもっていたのでは、けっして実現できなかったでしょう。

2 創業

中目黒の決起集会

そろそろ会社について話していきましょう。ゲンロンを創業したのは2010年4月6日です。当時は「合同会社コンテクチュアズ」という名前でした。

ゲンロンのアイデアは、5人の会話から生まれました。いまはべつに会社を立ち上げている評論家の宇野常寛さん、社会学者の濱野智史《さとし》さん、建築家の浅子《あさこ》佳英《よしひで》さん、そしてもうひとりはいろいろな経緯があるので仮名でXさんとしておきますが、その4人とぼくというメンバーです。2009年の秋ごろに話が始まったのではないかと思います。Xさんがいちばん年上でしたが、キャリアとしてはぼくが頭ひとつ抜けていて、兄貴分としての振る舞いを求められていました。

当時みなで語っていたのは、さきほどの繰り返しになりますが、「これから世の中はネットによってどんどん変わっていく。だから批評も変わらないといけない、担い手も変わらないといけない」という話でした。年代が近い男性ばかりで話しあっているので、酒を片手にどんどん盛り上がり、新しい時代をつくるには既存のメディアを頼っていてはいけない、起業すべしという話になった。こう振り返ると、中年男性の飲み屋のバカ話とあまり変わりません。

だから、みな十分な覚悟がなかったのかもしれません。宇野さんとはすぐに会社の方針で衝突しました。彼は創業前に抜けることになりました。そこで残りの4人で出資して、150万円で小さな会社をつくりました。それが2010年4月に設立した合同会社コンテクチュアズです。創業後にはこんどは濱野さんが抜けることになり、あっというまに3人の会社になります。

登記上の本社は、Xさんの事務所がある目黒においていました。2010年4月に決起集会をして、創業メンバーの4人に哲学者の千葉雅也さんなどが加わり、深夜の中目黒で大いに語りあったのを覚えています。飲み屋を出て、みんなで山手通り沿いのラーメン屋まで歩いたのですが、ちょうど桜も咲いていて、すごくいい雰囲気でした。

当時は夢がありました。でも夢があるだけだったともいえます。起業の中心になったのはぼくでしたが、経営についてなにもわかっていませんでした。Xさんはすでに小さなデザイン事務所をやっているとのことで、社長（代表社員）をお願いしました。経営はひとに任せて、ぼくは新しい雑誌づくりに専念したいと思ったわけです。通帳もハンコもすべて預けることにしました。これがのち大問題になります。

『思想地図β vol.1』が大ヒット

2010年のあいだにゆっくりと準備を進めて、同年12月に『思想地図β』という思想誌を創刊しました。『思想地図β』という奇妙な雑誌名なのは、NHK出版さんから出していた『思想地図』という思想誌のシリーズを、同社の許可を得て引き継ぐかたちにしたからです。

同書は人文書では異例のヒットになりました。コピーは「社会、政治、科学など、各分野の第一人者の論考を領域横断的に収録。2010年代を導く新感覚言論誌、圧倒的ボリュームでついに創刊！」というもので、とにかく分厚かった。巻頭には当時東京都副知事だった猪瀬直樹さんと美術家の村上隆さん、それにぼくの鼎談が載りました。ほか速水健朗《はやみずけんろう》さんが企画したショッピングモール特集があったりして、目次も豪華でした。２０１０年当時の「新しい社会をポジティブに捉えていこう」とする姿勢を強く感じさせるものになっています。

これがなんと、５０００部も売れたら成功だと思っていたら、Twitterを中心に口コミが広がって、最終的に3万部くらい売れてしまいました。当時のゲンロンはトーハンや日販のような大手流通と契約していません。書店からファックスで注文を受けて、直接発送していました。それなのにここまで売れる。広告費をかけて、一日に何件とつまらない取材なんか受けなくても、ここまで話題にできる。当時は、ざまあみろと鼻高々でした。インターネット時代の、ゼロ年代論壇の夢が実現したと思いました。

既存の出版社の常識を破るというコンセプト

『思想地図β vol.1』（2010年12月）

だったので、印税の計算もたいへん理想主義的でした。ぼくはそれまで書き手しか経験したことがなかった。いつも編集者の仕事に不満があって、印税はもっともらってしかるべきだと考えていました。だから『思想地図β』の創刊号では、雑誌であるにもかかわらず原稿買い取りでなく印税方式を導入し、そのうえ印税率も破格の15%に設定しました。いまだから言いますが、あの一冊で何十万円もの原稿料をもらったひとが何人もいます。

いまのゲンロンはこんな印税率ではやっていません。単行本の印税は業界標準の10%ですし、雑誌もふつうに原稿料ベースの買い切りです。そうでないと会社が維持できないからです。

当時のぼくは、「プロジェクトベースでお金を集めて、儲けは経費だけ抜いて一回一回分けあえばいい、それがみなの幸せだし公平なかたちだ」と考えていました。それがいかに幼稚だったかを、数年後に思い知らされることになります。

暗雲が立ち込める

とにかく、創刊号は予想以上に売れました。そしてその成功が、ゲンロンをはじめてのトラブルに導きました。

創刊号が話題になるのと並行して、ぼくたちは手に入る予定のキャッシュを計算し、いろいろ考え始めました。そこで立ち上がってきたのがパーティムービー企画です。

ぼくたちは2010年6月に、「コンテクチュアズ友の会」という読者組織を設立していました。こちらは「ゲンロン友の会」と名前を変えていまも続いています。そこで、2011年2月に会員限定の「総会」をやって、ゲンロンの門出を祝う派手なパーティムービーを上映しようということになりました。

これに前述の宇野さんが反応しました。宇野さんは創業に加わりませんでしたが、友人関係は続いていて、創刊号には執筆者として関わってもらっていました。彼が脚本に参加することになり、話が大きくなっていきました。出演者も、ぼくや宇野さんに加え、当時交流があった堀江貴文さん、村上隆さん、茂木健一郎さんなどが出てくれることになりました。そして監督には入江悠さん、音楽には渋谷慶一郎さんという豪華な布陣のカルトムービーができた。これはいまでもYouTubeを検索すれば見ることができると思いますが、とにかく冗談だらけのバカ映画です。制作費は100万か200万か、よくわかりませんがそれぐらいはかかりました。でもそこまではまだよかったのです。

預金使い込み事件勃発

年が明けると『思想地図β』の直販でお金が入ってきました。印刷費や執筆者への印税を精算し、さらにその映画の制作費を払ってもなんの問題もないはずでした。ぼくたちは、はじめての総会ということもあり、恵比寿の近くのクラブを借り切ることにしました。

ところが、いざ会場を押さえるタイミングでXさんからお金がないと聞かされます。ぼくと浅子さんは驚きました。計算ではどう考えても足りるからです。

問い詰めたら、Xさんから中目黒の居酒屋に呼び出されました。1月上旬のことです。ぼくたちはまったく事情がわからないので、Xさんは辞職するのかなと考えました。数ヵ月前から表情が暗くて、悩みを抱えているように感じていたのです。居酒屋に行く道すがら、ふたりで経営をやるしかないね、今日は悩みを聞こうと話していました。店に入ると、個室に導かれました。

個室では、挨拶もそこそこに、Xさんから封筒が出てきました。ああ、やはり辞職かと思い、封を開きました。

そうしたら、中身は辞表ではなく、いや辞表だったのですが、その理由として驚くことが書いてありました。「私は金ウン百万円を御社口座より引き出し、個人事業所の運転資金に流用しており……」云々。ぼくたちはびっくり仰天です。しばらく言葉もなく、会食どころじゃなくなりました。

そこでわかったのは、その時点で会社の口座に現金があまりないということでした。そしてXさんにもお金はない。Xさんは「いつか返します」の一点張りでしたが、いつまでにという話はない。やられた、と思いました。

初仕事はお金を取り立てることから

というわけで、まずは1月31日付でXさんには退社してもらい、ぼくが代表に就任しました。コンテクチュアズの創業は5人で立てた計画でしたが、早くもぼくと浅子さんのふたりになってしまったわけです。

新代表としての最初の仕事はXさんからお金を取り立てることでした。Xさんの交友関係はぼくと重なっていたので、共通の友人から、あまり彼を追い込まないでくれと頼まれることもありました。言いたいことはわかりますが、額が額です。

個人間の話しあいでは埒《らち》があかなかったので、最終的には弁護士に相談し、期日までに返金しなければ法的に対処すると通告しました。そうしたら期限当日にXさんが現金をもってきました。受け渡しは浅子さんの自宅で行いましたが、みな無言でした。Xさんが差し出した札束を、ふたりで一枚一枚数えました。

東日本大震災が起きたのはその直後です。いまから振り返れば、震災のあとでは回収はむずかしかったように思います。そうしたら2011年のゲンロンのその後はずいぶんちがったはずです。

浅子さんはそんな感じで初期のぼくを支えてくれた「戦友」でした。彼もいまやゲンロンにはいません。2012年の組織変更のときに、彼には彼の生活があり、元の仕事に戻ったほうがいいという話になりました。浅子さんはいま建築家・インテリアデザイナーとして活躍中です。

甘えの構造

この使い込み事件は衝撃でした。ぼくは大学や既存のメディアにうんざりして、新しいものをつくろうという理想をもっていました。そして『思想地図β』で表面的には成功したようにみえた。

ところがじっさいには使い込みに半年以上も気づかなかった。こんな鈍感で間抜けな人間が、言論人なんて名乗れるわけがない。新しい出版社をつくると息巻いても、じっさいは面倒なことを大学の事務員や出版社の編集者に押しつけ、見ないふりをしているいままでの知識人たちとたいして変わらなかったわけです。友人をまえに1万円札を一枚一枚数えるという経験には、それまでの自分の甘えを吹き飛ばす衝撃がありました。

これは大失敗だと思いました。

とはいえ、1回の失敗で劇的に変わるかというとそんなことはないのが人間です。この時点ではまだまだ経営者の自覚は足りていません。自分で起業したくせに、経営なんてほんとうはやりたくない、押しつけられたという甘えが残っている。その甘えが、震災後のゲンロンをいくども危機に追い込むことになります。

第2章　挫　折

2011年４月20日。南相馬にて。撮影＝浅子佳英

1　方針転換

さあここからというとき

この章では、2011年から15年まで、ゲンロンの10年間の前半（第1期）について語ります。前章で語った2010年から11年までの1年間は、創業したと言いながらもまだ実質的に創業前というか、ぼくの実感としては「第0期」という印象です。

さて、というわけで2011年の1月にぼくはゲンロンの代表になりました。そして金銭問題を解決し、新しく五反田にオフィスも借りることにし、さあ再出発といったところで、東日本大震災が起きます。

ここでゲンロンという会社は大きく変容し、ぼく自身も失敗を繰り返しながら変わっていくことになります。ここから2015年までの5年間が、ほんとうの意味で創業期といえるでしょう。それは、失敗を繰り返し、どんどんお金がなくなり、ひとも離れていく厳しい時期でしたが、同時に自分を見つめ直し——40代にもなって恥ずかしい話ですが——成長する機会にもなった時期でした。

頭と身体が離れていく

まずは2011年から13年までについて話します。読者からは、この時期はゲンロンの活動が「社会化」し、ますます拡大し開かれてきたように見えていたと思います。

さきほど述べたように、2010年に会社をつくったときには、せいぜい「若手論客を集めて世の中を驚かせる雑誌をつくろう」くらいの動機しかありませんでした。じっさいに創刊号はそういう内容でもありました。

けれども、震災と原発事故をきっかけに、思想や哲学という抽象的なものを足場にしつつも、なんらかの社会貢献をできないかと考えるようになりました。その新しい方針が明確になったのが、「震災以後」を特集した『思想地図β vol.2』(第2号)です。続いて、のちにも詳しく紹介しますが、2012年から13年にかけて、『日本2・0』(第3号)、『チェルノブイリ・ダークツーリズム・ガイド』(第4号の1)、『福島第一原発観光地化計画』（第4号の2）、という3冊の『思想地図β』シリーズを出版することになります。名前が途中で変わっているのは、第3号からサブタイトルとタイトルの関係を変えただけで、深い意味はありません。それらはいずれも「震災以後」の日本の行く末を考えた内容で、読書界でも話題になりました。

同時に組織変更を行い、2012年4月には合同会社コンテクチュアズを「株式会社ゲンロン」へ改めました。ぼくがあらためて代表に就任しただけでなく、メディアアクティビストの津田大介さんとアイドルプロデューサーの福嶋麻衣子さんを社外取締役に迎えるなど派手な人事も行いました（とはいえじっさいは名前だけの就任で、経営に関わらないまま、のちに話す2015年の経営混乱期に退任してもらうことになります）。

また、第3章で詳しく紹介しますが、2011年から12年にかけてはドワンゴさんと組んでニコ生で公式番組をもち、こちらも大成功していました。先述のように、外から見れば、この時期のゲンロンはますます調子がよく、また若手論壇の中心として打って出ようとしているような印象をもたれていたはずです。

けれどもじっさいは、経営状況がどんどん悪化し、社内のトラブル処理に明け暮れた時期でした。

その原因は、ひとことでいえばぼくが第1章で語った失敗を繰り返したことにあります。それは、なにかにつけ面倒なことはひとに任せるという失敗です。ぼくの意識とゲンロンの実態には大きな落差がありました。頭ではゲンロンを社会に開かれる会社に変えようとしていましたが、それが現実でなにを意味するのか、身体的にはまったくわかっていなかったのです。

2　震　災

物理的な除染と人文的な除染

まずは『思想地図β vol.2』の話から始めます。コピーはこう付けました。「2011年3月11日に東日本一帯を襲った未曽有の大災害。そのような危機のなかで言論あるいはメディアになにができるのか、復興に向けてどのような思想、どのようなビジョンが必要なのか。言論誌としてあらためて自らの立ち位置を検証するとともに、新時代の言葉の可能性を開くべく、『思想地図β vol.2』を緊急出版します」。

まさに緊急出版で、9月には本が出ました。ふつうの出版社なら半年も準備期間があれば緊急でもなんでもないでしょうが、うちのような小さな会社ではたいへんでした。加えて、たまたま震災直後、べつの問題で宇野さんと揉めたため、若い出版関係者の多くがゲンロンから離れてしまったという出来事もありました。創刊号のときは彼らがかなりボランティアで手伝ってくれたのですが、第2号では協力は見込めません。テーマ的にも震災や原発事故なので、ゼロ年代の書き手にそぐわないということもあります。

そこで、第2号は手探りでつくらざるをえませんでした。じっさい創刊号と第2号では執筆陣もかなり代わっています。津田さんや佐々木俊尚さんといったメディア系・ジャーナリズム系のひとたちが目次に並び、若手論客のサークルといった印象は薄くなりました。ぼく自身も被災地に足を運んでいます。

ぼくは震災直後の4月、警戒区域が指定され立ち入り禁止となる直前に原発事故の被災地に入っています。べつに宮城と岩手にも行きました。それらの取材の過程で、自分で組織をもっているということは強いと素朴に感じました。もしぼくが単なる批評家だったら、被災地を取材したいと思っても被災地日記かなにかの依頼が来るのを待つしかない。じっさい、そういう原稿は文芸誌に掲載されていました。むろん、原稿の依頼に関係なく個人で行けばいいじゃないかといえばそれまでですが、なかなかそこまで強い動機はもてないものです。けれど、会社という組織があり、取材して自力で本にするというミッションが設定できれば迅速に動くことができる。これは自由だと思いました。

その実感は、のちに会社を続ける動機のひとつになっています。

原発事故被災地に入って思ったのは、だれもが言っていることですが、放射能というのは目に見えないし匂いもなにもないということです。放射能測定器の数字でしかわからないし、それだって低線量の場合はすぐに身体に影響が出るものではない。ほんとうにヤバいのか、そう感じるだけなのか区別がつかない。物理的な現実なんだけど、心理的な現実と区別がつかないんですね。それだけに物理的な問題を心の問題にすることもできてしまう。だから放射能の危険性はすごく語りにくい。

そのむずかしさを感じたことが、のちチェルノブイリに取材に行きたいと思う出発点になりました。福島では事故後、鼻血と原発事故を結びつけるひとや、子どもの甲状腺がんを恐れるひとがたくさん現れました。ぼく自身は鼻血は放射能と関係ないと思うし、小児甲状腺がんについても、チェルノブイリとは異なり福島の事故では有意な増加は見られなかったと考えています。たくさん健康被害が出ているのに、政府や東電が隠しているという陰謀論には与《くみ》しません。

けれども、そういう科学的な「ファクト」とはべつに心の問題はあり、それはとくに福島では重要になると思いました。というのも、いま述べたように、原子力災害の本質はそもそも物理的＝身体的（フィジカル）な被害と心理的な問題の区別がつきにくいことにあるからです。放射能は目に見えないだけではない。その影響も確率的で長期にわたっています。だから、ほんとうに被曝しているのか、それとも被曝したと思い込んだことによって調子がおかしくなったのか、その区別がむずかしい。

ぼくは、この「区別がつかない」ということを扱うためには、物理的な除染が必要であると同時に、心理的な除染も必要ではないかと考えました。人文的な除染と言い換えてもいい。原子力災害に対しては、科学的な対応と同時に、人文的な対応も欠かせないと思ったんですね。『思想地図β vol.2』『チェルノブイリ・ダークツーリズム・ガイド』『福島第一原発観光地化計画』の3冊でぼくがやりたかったのは、そういう「人文的な除染」の可能性についての追求でした。

その試みが成功したかどうかは読者の判断に委ねたいと思います。ただ、いまから振り返れば、ぼく自身当時は未熟で、問題意識はよかったのだけど、自分の言葉と社会がどうつながるべきか、うまく関係を摑めていなかった。3冊とも、いまならばべつのつくりかたをしたと思います。

しかし、それに加えて言っておかねばならないのは、編集方針以上に未熟だったことがあるということです。それが経営の問題でした。

「売り上げの3分の1」を寄付してしまう

あらゆる変化は痛みを伴います。方針転換の代償は、金銭的な危機としてゲンロンにやってきました。

まずぼくは『思想地図β　vol.2』について、なにを思ったのか、売り上げの3分の1を被災地に寄付することを決めてしまいました。それではまったく利益が出ません。当時のぼくは「売り上げの3分の1」と「利益の3分の1」の区別さえろくについていなかったのですね。

売り上げは本が何冊売れたかで決まります。しかしそのすべてがゲンロンに入ってくるわけではない。書店の取り分もあるし、印刷費や倉庫代もかかる。原稿料もある。DTP費用もある。そして残るのが粗利ですが、そこからさらに人件費やオフィスの費用を払わなければなりません。そもそも売り上げの3分の1なんて残るものではないのです。それを3分の1を寄付すると宣言してしまったのだから、ゲンロンにはお金が残りませんでした。

寄付は尊い行為です。ぼくもべつに寄付を後悔しているわけではありません。しかし、寄付のために会社を潰しては本末転倒です。創刊号のときの印税の過ちを繰り返してしまいました。当時のぼくには、震災や原発事故になにかアクションを起こさなければいけないという強い焦りがあったんだと思います。

いずれにせよ、寄付のため、『思想地図β vol.2』の売り上げではゲンロンの経営はまったく改善しませんでした。社員は利益ほぼゼロで頑張っただけだった。ちなみにこの本に関しては、いまでも細々ながら寄付を続けています。ゲンロンは福島を食いものにしていると散々批判されましたが、この本での寄付は累計で1200万円を超えています。

放漫経営に突入

人事もガタガタでした。Xさんが去ったあとに、しばらくはぼくと浅子さんで経営を見ていたのですが、そのうちAさんという社員が力をもってきました。彼はもともとIT系の会社にいたひとなのですが、面倒なことは全部やります、ゲンロンを大きくしたいというので、だんだん人事や経理を任せるかたちになりました。ぼくは週に一度、彼に報告を受けるだけでした。

またしても悪い癖が出たわけです。Xさんの事件で、ゲンロンをやるならば自分で経営するしかない、しっかりと会社の状況を把握しなければいけないとわかったはずだった。でもすぐ忘れてしまう。面倒なことを避けてしまう。

浅子さんが2012年春に去ったあとは、Aさんはすっかり経営の中心になり、自分の裁量でお金を使うようになります。けれども、あまり計画性のあるひとではなかった。結果的にどんどん資金がなくなっていきました。最近当時の資料が出てきたのですが、あまりにずさんな経営計画で笑ってしまいました。でも当時のぼくはそれを信じたんですね。信じるほうが楽だったからです。

商業的に失敗、一発逆転の夢が霧散

話を少し戻しますが、『思想地図β vol.2』を出版したあと、2011年の後半から資金が減り始めていました。にもかかわらず、僕と浅子さんは、経営をAさんに任せて、四川大地震の被災地復興の取材に行くなど好きなことをやっていました。この取材は結局本になっていないので、費用は回収できていません。

当時のぼくたちがどういうつもりだったのかさっぱりわかりませんが、資金が底をつきそうな状況のなか、とにかくつぎの本で一発逆転するんだという気運だけが高まってきました。そうやって企画されたのが、600ページを超える怪物的な分厚さの『日本2・0』（2012年7月）です。

これも商業的には成功といえませんでした。中身はなんの問題もありません。むしろいい本だったと思います。高橋源一郎さんの書き下ろし小説があったり、千葉雅也さんのとてもおもしろい論文が載っていたり、「ゲンロン憲法委員会」（西田亮介さん、白田秀彰さん、境真良さん、楠正憲さんとぼくの5人）の憲法草案があったりと、たいへん実験的で意欲的な編集だった。ゲンロンでなければ絶対に実現できなかった企画だと思います。

ところが、例によってコスト感覚がなかった。まずぼくは大バカで、巻頭にすごく大掛かりなアートグラビア企画を掲載して、その撮影のため写真家・新津保建秀《しんつぼけんしゅう》さんやアキバ系の有名人（前述の福嶋麻衣子さんとクリエイターでゲーム会社代表の志倉千代丸《ちよまる》さん）を連れてサイパンまで出かけるということをやってしまった。正確な費用は覚えていませんが、２００万円ぐらいかかったのではないかと思います。

『日本2.0』（2012年７月）

そのグラビアも、ふつうに印刷すればいいのに、当時ものすごくこだわりのあるひとをデザイナーに雇ってしまって、彼の提案を採用することでとんでもない事態に陥ります。グラビア部分と活字部分を別々の印刷所に分けるとか、憲法草案の部分だけ小冊子にして挟み込むとかいうアイデアをどんどん出してくる。おもしろがって提案を通していたら、いつのまにかコストが跳ね上がり、印刷費だけでなんと１０００万円を超えてしまいました。これはスタッフが悪いわけではありません。彼のアイデアを原価計算もしないで通したぼくの責任です。

おまけに、『日本2・0』は税込価格が3200円（のちに価格改定）もするのに、2万部も刷ってしまいました。まえの2号は両方とも言論誌や人文書としては異例の売り上げを出しました。この第3号の企画も負けていない、いやむしろ豪華なんだからいけるはずだと思ったわけです。おまけに販売当初の数字だけ見て増刷までしてしまった。これが大失敗でした。そもそもまえのふたつの号とは定価がちがうんだから同じ数だけ売れるはずがない。その初歩がわかっていない。それでも最終的にまああの売り上げにはなるのですが、初版も捌《は》けずに大量の在庫を抱えることになります。一発逆転の夢は消えました。

なお、さらに恥を晒せば、この本に関するバカげた判断は続いていて、のち2014年に経費圧縮のため倉庫在庫を整理するとき、「体積としてもっとも大きいので保管費用が高い」という理由から当時のスタッフの判断で容赦なく何千冊も断裁されてしまいました。そのせいでいまはまったく在庫がありません。じつに不幸な本です。全部ぼくの責任ですが。

30代を深く反省する

なぜそんな大きな本をつくってしまったのか。震災が起きたときぼくは39歳で、30代の自分を振り返っている時期でもありました。若くしてデビューしたはいいが、言論人として、哲学者として目標を見つけることができずにいる。若いひとたちと一緒になっても、結局どういう社会をつくりたいか、どういう仕事をしたいかが明確でない。そういう反省がありました。

30代のぼくは、自分がなにをやりたいのかわかっていませんでした。だからひとから頼まれた仕事はけっこうなんでも引き受けていました。前述のように、大学でも教えたし、テレビにも出たし、小説も書いたし、アニメの原作までやりました。でも根本的に受け身でした。どれについても「やったらできそうだな」という感覚でした。大学にも残れそうだし、小説家にもなれそうだ。テレビで有名になったら政治家にだってなれるかもしれない。そんな感覚でいたわけです。

でもそれは勘違いです。「やっていけそうだ」と思うことと、現実に実現することはまったくちがう。やるべきことを発見するというのは、ほかの選択肢を積極的に切り捨てることでもある。30代のぼくは、たんにそれが怖くてできなかった。臆病だったんです。だから、「望めばなににでもなれる自分」を守るため、なにもかもできるふりをして選択肢を捨てずにいた。とても幼稚な話です。

とはいえ、だんだんそれにも限界が来ていました。ひとつのきっかけは34歳のときに生まれた娘だったと思います。でもそれだけでは完全には気づかない。ぼくが三島賞を受賞したとき文芸誌に寄せたエッセイは、「現実はなぜひとつなのだろう」(『ゆるく考える』河出書房新社、所収)と題されています。娘ができたのにまだ「ほかの現実」を夢見るところが残っていたのです。

そこにさらに震災が来て、ゲンロンの危機が来て、少しずつ変わり始めた。『日本2・0』には、そういう変化のなかでの混乱が表れた本だったように思います。人生はひとつきりしかない。それなのに、なんとなく流されるように生きていて、頼まれたことをやってきた。でもほんとうにそれでいいのか。そろそろ大人にならないといけないのではないか。そう思いながらも、まだ自分がなにを社会に提示すべきなのか、わかっていなかった。だからアイデアを全部詰め込んでしまったのです。

3 経営の危機

借金を抱え、資金が底をつく

経営の話に戻ります。2012年のゲンロンは『日本2・0』をつくっただけでなく、翌年に姉妹編として出版することになる『チェルノブイリ・ダークツーリズム・ガイド』『福島第一原発観光地化計画』の準備も進めていました。

資金状況は確実に悪くなっていきました。春に融資を受け、『日本2・0』の出版で挽回するつもりでしたが、結局はそうなりませんでした。出版と前後して友の会の会費が2000万円ぐらい入ったので一息つきましたが、そのあともふたたび融資を受けることになりました。融資といっても、つまりは個人保証の借金です。借金を2回連続ですることになったわけです。当時のぼくはゲンロンからたいして給与をもらっていません。それなのに個人保証を迫られ、他方で生活は変わらないから、個人の貯蓄もどんどん減っていく状況でした。

　そんななか、また新しいプロジェクトが立ち上がりました。どうもぼくは一発逆転ばかり考える癖があるようです。

　それが、２０１３年2月に開店し（プレオープンは1月）、いまも続いているイベントスペース「ゲンロンカフェ」です。詳しくは次章で話しますが、最初は雑談での思いつきだったと思います。ところがAさんが妙に乗り気で、あっというまに不動産を見つけてきて、出資者も探し出し、あれよあれよというまに実現してしまった。その機動力はたいしたものですが、見通しの甘さもいつもどおりで、夢のような計画が考えられていました。彼はゲンロンカフェを、昼間はシェアオフィスに、夜はフードも出すバーにしようとしていました。いまならば非現実的なのがすぐわかりますが、当時のぼくは信じてしまった。

経営者の悲哀

　そんなAさんは、２０１３年の夏にある事情で突然退社することになります。当時ゲンロンの社員は役員のぼくを入れずに6人で、ほかにカフェのアルバイトを多数雇っていました。明らかに肥大していました。

Aさんが辞めたあと、社の放漫状態を正すのがぼくの仕事になりました。そんななか彼が結んだ契約がたくさん出てきた。Aさんは業者を呼んで、見積もりを取ったり話を聞いたりするのが好きだったみたいで、不必要な契約もたくさんありました。とくに笑ってしまったのが、ゲンロンカフェのネットワーク・セキュリティ装置です。妙に高額なリースだったのですが、なんの役に立っているのかと調べてみると、なんと電源が入っているだけでネットにつながれていない。掃除かなにかで外されて、そのあとだれにも気づかれず放置されていた。では契約を解除しようと調べたら、リースなので契約期間中に解除すると100万円単位の違約金が必要だという。結局だらだらと、装置を使わないままリース料を支払わされました。

ぼくは当時、メディアでは、福島の観光地化計画だ、言論誌の新しいかたちだとかいって偉そうに話をしていました。けれども、会社に戻れば、契約書の処理や業者との連絡に追われていて、なにひとつクリエイティブだったり学問的だったりすることは考えられなかった。「あれどうなったの？」「あの契約は解除できた？」みたいなやりとりばかりで、おれ、なんのために会社つくったんだろうと虚しくなっていました。

4　倒産の足音

失敗のトンネルは続く

といっているあいだに、ゲンロンの10年間で最大の失敗がやってきました。それが『福島第一原発観光地化計画』（2013年11月）です。

時系列でいうと、そのまえに『チェルノブイリ・ダークツーリズム・ガイド』という姉妹編を出版しています。そちらは2万部ほど売れて評判もよく、また、現在のゲンロン代表の上田洋子さんと知りあうきっかけにもなった本です。それらのエピソードはまたのちの章で語りたいと思います。いまは経営の失敗の話をします。

とにかく『観光地化計画』はまったく売れませんでした。姉妹編の半分以下しか売れなかった。

福島第一原発観光地化計画とはなにか。今でも公式サイトにぼくの文章が残っているので、そこから引用します。

福島第一原発観光地化計画、それは読んで字のごとく、福島第一原発の事故跡地を「観光地化」する計画のことです。

といっても、それは現在の事故跡地の話ではありません。この計画は、除染が十分に進み、一般市民が防護服なしに数百メートルの距離まで安全に近づけるようになった、事故から25年を経た未来の跡地を想定しています。２０３６年の福島第一原発跡地に、どのようにひとを集め、どのような施設を作り、なにを展示しなにを伝えるべきなのか、それをいまから検討しよう、そしてそのビジョンを中心に被災地の復興を考えようというのが、計画の主旨です。

２０１２年の秋、株式会社ゲンロン代表の東浩紀の呼びかけのもと、主旨に賛同する経営者、社会学者、ジャーナリスト、建築家、美術家らが集まり、領域横断的なチームを結成しました。今後、そのチームを中心に、官民学の多方面、および被災地の方々と連携しつつ、書籍や展覧会のかたちで成果が発表されていく予定です。

最終的には、民間発のユニークな復興案のひとつとして、現実の復興計画に活かされることを目的としています。

「福島第一原発観光地化計画」公式ウェブサイト
URL＝http://fukuichikankoproject.jp/project.html

復興計画に活かされることはなかったし、今後もありえないですが、目的自体は悪くなかった。ところが販売的にはまったくの失敗でした。

加えて、出版後に関連企画としてゲンロンカフェと事務所を会場に行われた「『フクシマ』へ門を開く——福島第一原発観光地化計画展２０１３」（２０１3年12月24日から28日）で、若手現代美術家集団のカオス＊ラウンジが「福島第一原発麻雀化計画」なる作品を展示し、それをぼくがTwitterで紹介したことが事態を悪化させました。このツイートが大炎上して、本の評判がとても悪くなってしまった。ツイートを不快に思うひとがたくさんいたことは事実なので、それについて言い訳はしません。ぼくが未熟でした。

『福島第一原発観光地化計画』（2013年11月）

『チェルノブイリ・ダークツーリズム・ガイド』（2013年7月）

3000万円ぐらい目算が狂う

なぜ売れなかったのか。要因のひとつは大判にあったと思います。『チェルノブイリ』と『観光地化計画』はB5判で、それまでのA5判よりずいぶん大きい。書店で置きにくくなったのだと思います。

けれど、それだけでもないと思います。この2冊はカラー写真や図表を多く入れて、ビジュアルにも凝りました。とくに『観光地化計画』は、原発事故関連本のイメージを変えようという意気込みで、あえてアニメ風のイラストを入れたりして非常にポップなデザインにしました。これまでの人文書にはないつくりにして、新しい読者を呼び込みたいと思ったのですが、これが外れてしまった。まじめな読者が手に取らなかったのです。他方でゼロ年代からの読者からすれば、なんでオタクの東浩紀が復興計画に関わるのかさっぱりわからないという感じだったのでしょう。あらゆる意味で中途半端でした。

『チェルノブイリ』と『観光地化計画』の2冊は、多くの執筆者を巻き込んで研究会形式で制作した書籍でした。海外取材にも出かけ、かなりの経費がかかっていた。2012年の『日本2・0』が思うように売れず、融資や友の会の会費で2013年の経営をぎりぎり行なっていたぼくとしては、この2冊が最後の賭けだったのです。

そしてじっさいに『チェルノブイリ』で光明が見えかけていたのですが、『観光地化計画』の失敗でどうしようもなくなってしまった。ぼくとしては、『チェルノブイリ』が2万部売れたのだから、『観光地化計画』は日本の話だし3万から4万部売れてもおかしくないと思っていた。それが1万部にも及ばなかった。定価は1900円（税別）なので、卸値で計算すると3000万円ぐらい目算が狂ったことになります。

ここでぼくは行き詰まりました。もはや新規書籍の計画はない。一発逆転のアイデアも尽きた。会社を畳むことを真剣に考え始めます。

まずは人件費削減のため、スタッフの数を減らしました。また無駄なプロジェクトをどんどん見直していきました。出版計画なども中止しました。幸いなことに、次章で語るゲンロンカフェやスクールがあったおかげで、結果的に倒産は免れることができました。けれども、ここから2015年にかけての1年半ほどは、ずっと倒産の可能性が頭から離れない時期が続きます。つぎに本格的に書籍を出版するのは、2015年も末になってのことです。

ぼくは世間では、Twitterで炎上してるね、たいへんだねなんて声をかけられることが多いのですが、その時期に炎上なんてどうでもいいと感じるようになりました。SNSでバズってもお金になるわけじゃないし、逆に批判されても借金が増えるわけじゃない。問題は資金繰りであって、そっちのほうがよほどリアルです。急遽給与が支払えなくなって貯金を崩したこともありましたし、知りあいに頭を下げてお金を借りたこともありました。そういうことをやっていると、SNSの「論争」が生活に余裕のあるひとの遊びにみえてきます。とにかくたいへんでした。

中小企業を営む祖父のこと

この時期はぼくにとっては、自分がなぜゲンロンをやっているのか、それをあらためて考える決定的に重要な機会になりました。借金は増える一方だし、生活のことを考えれば会社を畳む選択肢は十分ありました。執筆や大学に戻ったほうが楽だし、読者もそれを求めているはずだと思いました。けれどもそのとき、ゲンロンを続けるべきだという思いが強く湧いてきたのです。

それはぼくの出自にも関係しているかもしれません。のちに「ゲンロンと祖父」（『ゆるく考える』所収）というエッセイに書いているのですが、ぼくの母方の祖父は、東京・赤坂でカーテンなどを扱う内装会社を経営していました。ぼくの父親は平凡なサラリーマン、母は専業主婦で、インテリの家系ではありません。親戚を見渡しても、作家や大学教授といったひとはひとりもいない。むしろ、子どものころのぼくにとって、中小企業を経営する祖父こそが大人の雛形として実感できる存在でした。いま振り返れば、30代のころ、大学で教えても、本を出しても、テレビに出ても生きる実感がなかったのは、そもそも子どものころぼくのまわりにそうやって生きているひとがひとりもいなかったからなのではないかと思います。生活感を感じなかったのです。

それが、震災や原発事故という社会問題に直面し、会社の経営に本格的に関わっていくなかで、だんだんと変わってきた。なんども繰り返しているように、ゲンロンは最初はサークルのような組織を理想として始まりました。そしてじっさい、まわりにも、ゼロ年代の若手論客が集まる梁山泊みたいな軽薄な期待をもったひとが多かったと思います。

それがゲンロンをやるなかで変わってきた。会社を経営することで、出版や大学に閉じこもっていたときよりも豊かに社会との接点をもつようになった。たとえばカフェの経営ではさまざまな業者さんに会います。空調整備、セキュリティ会社、観葉植物レンタル、食材配達サービス、あたりまえですが、みなそれぞれひとがいるわけです。ほかにも出版であれば印刷業者、のち話すようなツアー事業であれば旅行業者、オフィスを借りるときは不動産会社、融資を受けるときは銀行や役所、さらには投資家やゲンロン友の会会員のみなさん……。ゲンロンをやるなかで、ぼくははじめて生活者として実感をもって仕事ができるようになっていきました。その積み上げをゼロに戻すことはできないと感じるようになったのですね。

商売繁盛の神様も泣くほどに

ふたたび経営の話に戻ります。さきほども述べたように、2012年から始まった経営危機は、結局2015年の末まで長く続くことになります。

社内的には、2013年夏にAさんが抜けたあと、事務方としてぼくを支えてくれたのがBさんという社員でした。彼は経理があまり得意ではなかった。にもかかわらず、同年冬にはスタッフを大幅に整理したので、2014年には彼に一手に負担が集中することになりました。それがふたたび問題を引き起こします。

2014年が終わり、明けて2015年の正月。Bさんが突然辞めたいと言い出しました。

2014年にはすでに社員を限界まで減らしていて、カフェイベント用の臨時バイトを除くと、ぼく、前述の上田洋子さんと徳久倫康くん、このBさんと彼のアシスタントであるCさん（アルバイト）5人だけでゲンロンとカフェ両方を回す状況になっていました。そしてそのCさんもBさんとはべつの理由で2014年末に退社していた。それで、ますます社員は減っちゃったけどしかたない、頑張ろうということで4人で1月2日に成田山へ初詣に行ったんです。成田山は商売繁盛のお寺なので、お守りの札を買って、最後に名物のうなぎを食べて解散しました。

ぼくはそのあと翌3日から7日まで、家族旅行で北海道にスキーに行くことになっていました。8日には出社予定だったのですが、7日の天候が雪嵐で、新千歳空港から飛行機が飛ばなかった。それで結局、7日の夜は札幌に一泊して、翌8日に特急と新幹線を乗り継いで東京まで帰ってきたんです。12時間近くかかったと思います。

それで、とにかく疲れきって自宅に帰ってきたら、Bさんからメールが届いていた。開くといきなり、「そろそろご自宅に着いたころかと思います。休暇明けなのでお伝えしますが、私、退職することにいたします」と。もう脱力しました。それなら初詣のときに言ってくれと。

ひたすら領収書を打ち込むなかで

翌日急いで面談をしたのですが、決意は固いようでした。しかたがないので引き継ぎを求めると、年度のはじめから処理していない領収書や請求書、契約書の束が引き出しからくしゃくしゃになって出てきました。おそらく彼も悩んでいたんでしょう。慌てて当時の顧問税理士に連絡を取ると、Bさんから連絡が来なかったので、そっちもなにもやっていないとのこと。ゲンロンとゲンロンカフェは形式的には別会社なので、経理は2社分あります。決算は3月だから困る、急いで作業してくださいというと、こんどは税理士さんから手に余るので顧問をやめますという連絡が来ました。

この状況には頭を抱えました。Bさんが退社すると、スタッフは実質ぼくと上田さんと徳久くんしか残りません。それなのに経理はめちゃくちゃで、新しい税理士を探すところから始めなければならない。

嘆いてもしかたがないので、3人で手分けして領収書を打ち込むところから始めました。6月分担当ということになったら、「2014年6月6日／550円／文具……」とエクセルにちまちま打ち込んでいくわけです。同時に、それまで無秩序にあちこちのキャビネットに突っ込まれていたファイルを引っ張り出し、デジタルデータでしかなかった契約書や請求書はできるだけ印刷して、紙のフォルダをあらためてつくるという作業を行いました。一冊一冊、「株主総会記録」とか「印刷費請求書平成26年」とかいったタイトルを——あとで考えたらテプラを買えばよかったんですが——ワープロで印刷して、切り抜いて背に貼ってキャビネットに入れ直すという地味な作業を延々と続けた。

コロナ禍で最近はオンライン会議やテレワークがもてはやされていますが、そういう話は2000年代からありました。ゲンロンも、さきほど述べたように、創業してしばらくはどこにも物理的なオフィスはなく、みなメールベースで仕事をしていました。2011年以降もその精神は生きていて、紙の書類の管理はかなりずさんなものでした。みんな、あとでGメールやドロップボックス（クラウドのファイル共有サービス）を検索すればいいだろうと思っていたわけです。

けれども、この事件で、それには大きなリスクがあることを痛感しました。ファイルはたしかにデジタルでクラウドにおいてもいい。けれども、それだけでは社員は仕事の存在を忘れてしまうのです。契約書や経理書類を紙に印刷し、目に見えるものとして棚に並べるのは、仕事があることを思い出させ続けるためだと思います。

そういう作業をするなかで、ついに意識改革が訪れました。「人間はやはり地道に生きねばならん」と。いやいや、笑わないでください。冗談ではなく、本気でそう思ったのです。会社経営とはなにかと。最後の最後にやらなければいけないのは、領収書の打ち込みではないかと。ぼくはようやく心を入れ替えました。そして、ゲンロンを続けるとはそういう覚悟をもつことなのだと悟ったのですね。

ぼくはまともな社会人経験を経ないまま、若くして有名になってしまいました。だから、偉そうな態度で社会に向きあってきた。その限界を、Xさんの使い込み、Aさんの放漫経営、そしてBさんの遁走《とんそう》によってついに気づかされた。当時ぼくは43歳。あまりにも遅い気づきで、恥ずかしいかぎりです。

「経営の身体」が誕生

紙の効用について補足しておきます。会社の実態は結局のところお金です。お金は記号で数字です。けれど、経営をするためには、その数字の流れをあるていど身体的に摑んでいないといけません。いついくら入金があり、出金があるかという情報を、いちいちエクセルを検索して報告しているようでは経営はできない。まさにBさんがそういうひとでした。

ぼくが当時、領収書を打ち込みフォルダをつくりながら考えていたのは、そのような「経営の身体」はデジタルの情報だけでは立ち上がりにくいということでした。紙の書類を印刷しフォルダにして書棚に入れると、情報がオフィスのなかで特定の場所を占めるので、全体が身体的に把握しやすい。

それはお金の流れだけの話でなくて、そのときはじめてぼくは、ゲンロンの全体をしっかり摑むことができるようになったのだと思います。ゲンロンカフェだったら、このケーブルはどこにどうつながっていて、どんな意味があるケーブルか、配線レベルまでいちど完全に把握しました。業者の請求書も細かいものまですべて確認しました。面倒なことを人任せにせず、ゲンロンについてなら、なにを質問されても答えられる状態になりました。

会社を経営するためには、いちどその段階を経ないとダメです。Xさん、Aさん、B

さんと続いたトラブルの原因は、結局のところ、ぼくが「仕事をひとに任せる」ということの意味がわかっていなかったことにある。仕事をひとに任せるためには、現場でいちどそれを経験しておかないといけない。そうでないと、なにを任せているのかもよくわからないまま、ただ任せるだけになってしまうからです。それはほんとうは任せているんじゃない。単純に見たくないものを見ないようにしているだけであり、面倒なことから目を逸らしているだけなんです。「任せる」ことと「目を逸らす」ことは根本的にちがう。こんな話は実務経験があるひとにとってはあたりまえだと思いますが、それまで大学や出版という特殊な空間にいたぼくには大きな発見だったわけです。

というわけで、ゲンロンは2012年から15年にかけて長い経営危機にありました。とくに2013年から14年は苦しかった。

けれど、それこそがほんとうの創業の時期でもありました。そしてじっさいにその時期に、ゲンロンは出版社の枠を超えて、ゲンロンカフェとゲンロンスクールという新たな事業の柱を手に入れることになります。そしてそれはぼくの哲学にも影響を与えていく。次章からはそれらの展開について語ります。

第3章　ひとが集まる場

2016年９月21日。ゲンロンカフェ。右は宮台真司氏。
撮影＝ゲンロン

1　思わぬ救世主

ゲンロンカフェ誕生秘話

ゲンロンが経営危機に陥った２０１３年から１４年のあいだ、潰れなかったのはゲンロンカフェがあったからでした。

前章で見たように、この時期のゲンロンはスタッフを大幅に減らし、出版事業はほぼストップしていました。友の会の会報のみ発行していましたが、それでは会員数も増えるわけがなく、会費収入も伸び悩んでいました。のちにグラフを示しますが（第5章）、友の会会員は、この時期に２５００人近くから１８００人まで一気に3割近くも減っています。世間から見れば、ゲンロンは急に活動が鈍ったように見えていたはずです。

そのなかで唯一売り上げを伸ばしていたのがゲンロンカフェでした。その後も確実に売り上げを拡大し続け、いまではゲンロンの事業の中心になっています。読者にも、ゲンロンの本は読んだことがないけど、ゲンロンカフェの番組は見たことがあるというひとがいるのではないかと思います。

ゲンロンカフェは東京の五反田にあるイベントスペースで、2013年2月にオープンしました。月6回から10回ほどのトークイベントを開催し、その模様をネットで中継しています。コロナ禍でいまは無観客の配信のみとなっていますが、もともとは登壇者とお客さんの「密」な交流も売りでした。いつもぼくが出演するわけでなく（というよりも最近ではぼくが出演するのはせいぜい月1、2回で）、多方面のトークが企画されています。ゲストは多士済々で、国民的に著名な方から無名の新人まで、さまざまなひとが登壇しています。宣伝では「日本最強のトークスペース」というコピーを使っていますが、けっして言い過ぎではないと自負しています。

ゲンロンカフェがゲンロンの危機を救ったというのは、ある意味でとても皮肉なことです。というのも、さきほど述べたように、このカフェはAさんの「いい加減さ」がなければ実現しなかったからです。

ゲンロンカフェのアイデアはぼくが考えたものです。けれどもぼくひとりだったら2

013年にはオープンできなかったでしょう。

カフェといってもじっさいには飲食はほとんど出しません。とはいえアルコールやソフトドリンクは提供するので、ちゃんと食品衛生法上の届け出が必要です。消防法の届け出も要ります。オープンのためには、物件探しだけでなく、内装工事、什器や家具の選定からそのような届け出まで無数の面倒な雑務が発生します。その時期はすでにゲンロンに資金がなかったので、冷静に考えればカフェなど開店している場合ではない。お祭り好きのAさんがいたからこそ、ゲンロンカフェは生まれることになった。むろん、その裏で経営はどんどん悪化していたわけですが。

開店そのものへのAさんの功績は否定できませんが、開店後の収益構造は彼の計画とはまったくちがうものになっています。前章にもちらりと書きましたが、Aさんはカフェ経営に過大な夢を見ていて、昼はシェアオフィス、夜は飲食を充実させたオシャレなイベントスペース兼バーみたいなかたちを目指していました。そしてじっさいにアルバイトを雇って五反田駅前でチラシを配ったり、自分がDJになって音楽を流したりしていたのですが、そんな生兵法でひとが来るわけもない。Aさんが在社しているあいだは売り上げは下がる一方で、頭を痛めていました。

だからAさんの退社後、ゲンロンカフェは大きく変わりました。いろいろ試行錯誤があったのですが、最終的に、スペースの性格を変え、イベントの模様をニコニコ生放送で有料配信することにしました。詳しい経緯はあとで語りますが、これが大成功でした。現在ゲンロンカフェの売り上げの大半は放送収益によるものです。コロナ禍以降は必然的に放送収益が100%ですが、そのまえでも3分の2は放送による売り上げになっていました。

ゲンロンカフェの生中継は1回あたり1000円、再放送は500円に設定しています。ゲンロンはいまではニコニコ生放送のほかVimeoなどの動画販売プラットフォームも利用していますが、そこでも価格はほとんど変わりません。けっして安い金額ではなく、とくに2013年当時は、ウェブ動画にお金を出す習慣がほとんど根付いていませんでした。だから売れるわけないとよく言われましたし、また、放送すると来場者がいなくなるのではないかという心配もありました。

トークが長くなるという謎

結果としてそれは杞憂で、放送の売り上げは順調に伸び、来場者が減ることもありませんでした。むしろ、２０１４年あたりからは、放送を見て来場する、あるいはいちど来場しておもしろかったので放送を買うという好循環が生まれ始めます。

理由のひとつには、ゲンロンカフェのトークが「長い」ことがあると思います。じつはゲンロンカフェのトークには、実質的に時間制限がありません。いちおうチケット販売サイトや番組のページには2時間や2時間半といった時間が書いてありますが、登壇者が話したければいつまでも話すことができます。

じっさい、ほとんどのイベントでは議論は予定終了時間を超えて続き、日付が変わることもあります。当初は終電がないと文句が出ましたが、いまではみなお客さんもそのことがわかっています。だから、会場には来たものの、途中で帰らなければならなくなったからあとは放送で見ようとか、逆に放送の熱気にあてられて会場に来たくなるとか、そういう相互作用がある。時間制限がないということが、ゲンロンカフェの「特別性」を高めてくれたんです。

いまでは時間無制限はゲンロンカフェのアイデンティティになっていますが、最初からそのつもりはありませんでした。むしろ当初は、イベントが終わったあと、アフターで登壇者とお客さんが談笑する空間をつくるというコンセプトだったんです。イベントが19時から始まるとして、21時ぐらいには終わるから、そのあと2、3時間お酒でも飲みながら話しあえる空間があるといいなと。

ところが現実にやってみると、アフターはあまり機能しない。日本人的なコミュニケーションの癖なのかもしれないけど、お客さんは、登壇者と話すのではなく、むしろ登壇者と関係者が話しているのをちょっと離れて取り巻いて、じっと聞いてしまうんです。それならば壇上で話し続けたほうがいいと思うことが多くて、だんだんと本番そのものが長くなっていきました。

そして、じっさいにそうしてみると、登壇者の多くは長く話したがるということもわかりました。みんな、最初はゲンロンカフェの時間の長さにためらうのですが、登壇すると話すこと話すこと。逆にゲンロンカフェの登壇を重ねていると、ふつうの2時間のトークショーが物足りなく感じられるようです。たしかに、3人ぐらいの登壇者で2時間しかないと、それぞれの持ちネタを確認しただけで終わってしまうのですね。話が「展開する」ところまでいかない。

いずれにせよ、3時間、4時間という時間でも、登壇者は平気で話すし、聴衆もついてくる。これはゲンロンカフェをやるまえには予想していなかったことで、その意味をいまでもつねに考えています。

ちなみに、時間無制限は運営側にとってはたいへんです。いつイベントが終わるのかわからないというのは、スタッフにかなりの負担をかけます。終電を逃すと帰れないスタッフも出てきます。うちも最初はいろいろ失敗をしました。いまではちゃんと休憩を入れて深夜手当もつけて、シフトを工夫することで乗り切っていますが、ふつうはやらないでしょうね。

「誤配」に満ちている

ぼくはよく、コミュニケーションでは「誤配」が大事だということを言います。自分のメッセージが本来は伝わるべきでないひとにまちがって伝わってしまうこと、ほんとうなら知らないでもよかったことをたまたま知ってしまうこと。そういう「事故」は現代ではリスクやノイズと捉えられがちですが、ぼくは逆の考えかたをします。そのような事故＝誤配こそがイノベーションやクリエーションの源だと思うのです。

ゲンロンカフェは、まさにそのような「誤配」のための空間です。登壇者が長く話す。思わぬことも話してしまう。観客同士が思わぬ出会いをする。そういう可能性のためにつくった空間でしたが、いま振り返ると、成り立ちそのものも「誤配」に満ちていたように思います。さきほど述べたように、ゲンロンカフェはそもそもAさんがいなければできなかった。動画配信も時間無制限も最初は考えていなかった。すべて「たまたま」の連続でできています。

もしかりに最初からゲンロンカフェを動画配信のスタジオとしてつくっていたら、けっしていまのような空間にはなっていなかったでしょう。番組も、時間きっちり始まりきっちり終わる、ふつうのトークショーになっていたと思います。けれども、それでは絶対に成功しなかった。ふしぎなものです。コロナ禍のもとでいろいろなイベントがオンラインで配信されるようになり、ゲンロンカフェが先駆的な形態として言及されることがあります。けれど、当事者としては、ゲンロンカフェの成功の肝はこのような「たまたま」の「思わぬかたち」を受け入れてきたことにあると思っているので、少し違和感があります。それは、コロナ禍で目指されているような「オンラインによって効率よく仕事を進めよう」という精神とは正反対のものだからです。

好きなことを好きなだけ話す場所

2014年にはもうひとつの「誤配」がありました。ぼくがむかしからつきあってきた一世代下の美術批評家・黒瀬陽平さんからもちかけられ、「ポストスーパーフラット・アートスクール」という連続講座企画を開催したのです。当時は黒瀬さんはいまほど知られていなかったので、全15回の授業で4万5000円（税別）という破格の値段にしました。そうしたら大好評で、ネットでも大きな話題になったのです。

なにより驚いたのは、講師のみなさんがじつに熱心なことでした。黒瀬さんだけでなく、ゲスト講師として呼んだ方々もお金度外視で関わってくれる。そして受講生のほうも熱心さに影響を受けて、ぐいぐい力をつけていくのです。その状況を目の当たりにして、「あ、これはゲンロンカフェに似ている」と思いました。

さきほど述べたように、ゲンロンカフェに連れてくると、多くの登壇者のみなさんが喜んで3時間も4時間も話してくれる。それを見て思ったのは、そもそもいまの世の中は、学者やクリエイターに好きなことを好きなだけ話す場所を与えていないし、聴衆にそれを好きなだけ聞く場所を与えていないのではないかということでした。いまの大学はハラスメント防止に忙しく、生徒からのクレームにも敏感ですから、プライベートな会話をする長時間のゼミを開くのはむずかしいと聞きます。うちでは過剰な配慮は必要ありません。だから、みなゲンロンカフェに来るとどんどん話してくれるわけです。

ポストスーパーフラット・アートスクールの成功に、ぼくは似た可能性を感じました。ゲンロンは公的な機関ではありません。国や自治体からの補助金ももらっていない。ぼくが好きでやっている小さな企業です。だから逆に、コンプライアンスでガチガチの大学にはできないような、講師と受講生の距離が近い教育ができるのではないか。

そこで黒瀬さんに相談し、翌2015年に「新芸術校」という大きな通年のアートスクールを立ち上げることにしました。同年にはべつに批評家の佐々木敦さんに主任講師をお願いして「批評再生塾」も立ち上げ、さらに2016年には翻訳家の大森望さんに主任講師をお願いした「SF創作講座」を、2017年にはマンガ家の西島大介さんと批評家のさやわかさんふたりの主任講師（現在は後者単独の主任講師）による「ひらめき☆マンガ教室」を開設するというかたちで、ゲンロンスクールの試みはどんどん広がっていきます。批評再生塾は2018年度で終了しましたが、ほか三つのスクールは現在も続いており、いまではゲンロンの経営を支える大きな柱のひとつに育っています。卒業生のなかには、それぞれの分野の第一線で活躍するひとも現れました。これは、ポストスーパーフラット・アートスクールを開催したときには予想もしなかった展開です。

ゲンロンはもともと、若手論客が集まる出版社を目指して創業されました。ところがいつのまにか若手論客はいなくなり、出版も暗礁に乗り上げた。

そんななか、ゲンロンを救ってくれたのが、カフェとスクールというふたつの「誤配」から生まれた事業だったわけです。そのような経験を経て、ぼくは、ゲンロンというのはけっしてぼくの哲学を伝えるための媒体なのではなく、ゲンロンそのものがぼくの哲学の表現だと自覚するようになったのです。

2　ゲンロンカフェ

ニコニコ動画という相棒

ゲンロンカフェに話を戻します。ゲンロンカフェを開いた動機のひとつとして、ぼく自身がデビュー以来著者として新刊記念イベントを経験するなかで、不満を感じていたことがあります。

たいていの書店イベントは、定刻にトークを始めて60分か90分で終了、そのあとサイン会をやって、撤収後は編集者や関係者と飲んで終わりという感じです。けれど、そこで著者がほんとうに話さなければいけないのは、来てくれた読者のはずです。編集者とはいつでも会えます。

イベントの値段も新刊の宣伝ということで無料あるいはせいぜい1000円ぐらいで、登壇者への謝礼がないことすらある。しかも、それでもお客さんは集まっていない。全体がちぐはぐで、もったいないと感じていました。

　ぼくはかねてから、この手のイベントのポテンシャルはもっと高く、ちゃんとコンテンツにして宣伝すれば、ひとも集まるしお金も取れると考えていました。また、登壇者にとっても、中途半端にサイン会をするよりも、読者と交流の機会をもたせてくれたほうが嬉しいはずだと思っていました。だからカフェをつくったんですね。

　動画配信を始めたあとは、ほかの書店イベントも中継をやればいいのにと思っています。とくに新刊イベントなんかは、宣伝なんだから、現場の数十人にサインしても効果はたかが知れている。書店のひとに会うと必ず中継を勧めているのですが、今回のコロナ禍まではみな冷たい反応でした。本に関わる仕事をしているひとは、映像やネットに対して過剰に防衛的でチャンスを失っている気がします。

　ゲンロンカフェ開設には、もうひとつきっかけがありました。さきほどもちらりと述べましたが、ゲンロンを創業したころには、ドワンゴさんが「ニコ論壇」という企画に力を入れていました。ニコニコ動画発で新しい論壇をつくろうという野心的な試みです。結局はうまくいかないまま立ち消えになってしまったのですが、ぼくは当時その中心的なメンバーとみなされていました。

その「ニコ論壇」の一部として、2011年5月から12年9月まで、13回にわたって「ニコ生思想地図」という番組をつくったことがあります。ニコニコ生放送の公式番組で、ゲンロンが企画を請け負って、ぼくがゲストを呼んで対談するという企画です。当時はまだカフェがなかったので、事務所の半分をスタジオにして放送していました。

この放送は無料で、またゲストが当時東京都副知事だった猪瀬直樹さんやドワンゴ創業者の川上量生《のぶお》さんといった豪華な方々だったこともあって、各回平均で3万人ぐらいの視聴者を集めていました。2011年のネットで3万人の視聴者というのはかなりの数で、手応えを感じました。

そのとき、友の会の会員を集め、小さな観覧席を設けたことがありました。そうしたら、登壇者も観客も番組が終わったあとも事務所に残って、ビールを飲みながら熱く会話する光景が見られたんですね。そのようすを見て、これならスタジオを独立させたほうがみな喜ぶのではと思ったのがゲンロンカフェの始まりです。じっさいは、「ニコ生思想地図」という番組を月イチで収録することと、常設のイベントスペースを運営するというのはまったくちがうことなのですが、当時のぼくにそういう経営感覚がなかったのはいままで話してきたとおりです。

価格が思わぬ成功要因

ゲンロンカフェの入場料は前売2700円、当日3200円に設定されています。開店当初は2500円と3000円でした。いずれもワンドリンク（アルコール含む）付きの値段です。

当時ぼくが参考にしたのは、書店イベントでも大学の市民講座やカルチャーセンターでもなく、トークイベントもやっているライブハウスの価格でした。書店イベントは前述のようにあまりに安い。大学の市民講座は無料です。他方でカルチャーセンターは高すぎる。カルチャーセンターは高齢者のリピーターを対象にしているので、あの価格でもひとが来るのだと思います。うちは客層がちがうので、ライブハウスがよいと思いました。とくに新宿歌舞伎町のロフトプラスワンは、ぼくも何回も出演しているので、アルコール片手にイベントを見るという形式を含めて参考にしました。2500円から3

000円という価格は、ロフトプラスワンを踏まえたものです。

他方でネット中継は、最初は都度課金（単独購入）を800円にしていました。途中増税の値上げを経て、2015年5月から1000円に改定しています。「ゲンロン完全中継チャンネル」見放題プログラムは月額で9800円。こちらは消費税について深く考えず税込価格を決定したのが裏目に出て、その後の税率改定のせいでいまは10266円という中途半端な価格になっています。

月額9800円というのは当時のニコ生では異例に高額で、うちのために担当者が特別に処理をしてくれたぐらいでした。この価格はイベントの価格から逆算して決まったものです。

まえにも述べたように、ゲンロンカフェは最初はイベントの配信を考えていませんでした（正確には初期から配信もしていたのですが、それは特別に契約した全国数ヵ所のサテライト会場に映像を流すというもので、ユーザーに届けるものではありませんでした）。ニコニコ動画でチャンネルを開設したのは2013年9月です。だから、そのときはすでにイベント1回あたりの価格は決まっていた。当時はいまよりも多くのイベントを行なっていたので、いくら配信とはいえ、3000円や4000円で全部見れてしまうのはマズいだろうという考えがありました。それで月額9800円に決まったのです。同じように、単独購入の価格もイベントチケットからの逆算で決まりました。

振り返ってみれば、この特殊な価格設定がゲンロンカフェ成功の最大の原因でした。もしも最初から動画配信サイトを立ち上げていたら、月額は高くしてもせいぜい2000円、番組価格も300円あたりにしてしまったと思います。それではカフェを続けることはできなかったし、イベントの質も保てなかった。ゲンロンはもともと出版社で、ぼくもウェブ業界以外で仕事をしてきた人間だったので、最初からウェブ以外を基準にして値段を設定するしかなかった。それはある意味でまちがいだったのですが、結果としてその決定こそが配信事業を成功させたわけです。これもまた「誤配」の一例かなと思います。

それになにより、ひとの意識は変わるものです。1000円の生中継配信は、当時は高い高いと言われてきました。でもこの数年はすっかり言われなくなり、コロナ禍以降はむしろ安いという声さえもらいます。動画に対してお金を払うという感覚そのものが変化してきた。ゲンロンカフェは、その状況を先取りしていたことになります。

ゲンロンカフェは、2013年から14年にかけての経営的にもっとも厳しい時期を救ってくれた、いわば「救世主」でした。なんどでも繰り返しますが、あのタイミングでゲンロンカフェがなかったら、絶対にゲンロンは潰れていた。ほんとうによかったです。

「事故」の空間

とはいえ、最初から中継前提ではなかったので、ぼくたちはまず機材の整備から始めなければならなかった。最初は放送専門のスタッフがいなかったので、ぼくや上田さん自らカメラを買ったりスイッチャーを設置したりしていました。いまは専門のスタッフがいてちゃんと専用のブースで配信を行なっていますし、照明機材も揃えていますが、ニコ生開始当時はすべてがめちゃくちゃで、事故も続出でした。そもそも、バーカウンターに飲み物と一緒に機材を並べて配信していたんです。

ひとつ覚えているのは、放送中なのに映像も音声も途切れて復旧しなくなり、急遽ぼくが登壇しつつ、手元のＰＣで配信したという事件です。問題はＨＤＭＩケーブルの相性にあるということで、上田さんが秋葉原までケーブルを買いに行った。会場にはお客さんがいたし、１０００円で放送を買っているひとも何十人といるイベントですよ。それでも当時のお客さんは優しくて、みんな許してくれた。そういうアクシデント込みで楽しむ雰囲気がありましたね。

ＨＤＭＩケーブルには泣かされました。ＨＤＭＩは規格が繊細で、解像度がちがうとスイッチャーが認識しないし、５メートルを超えるとＰＣやカメラの出力口の電圧によって映像が通ったり通らなかったりするんですよね。ケーブルそのものにも個体差があるから、トラブルを防ぐために、「よくわかんないけど、このケーブルとこのカメラは相性がいいみたいだから動かさないようにしよう」みたいな感じで、ケーブルひとつひとつにシールを貼って、配線図をぼく自身がパワポでつくったりしていました。いまはそんな事故は年に1回も起こりません。隔世の感があります。

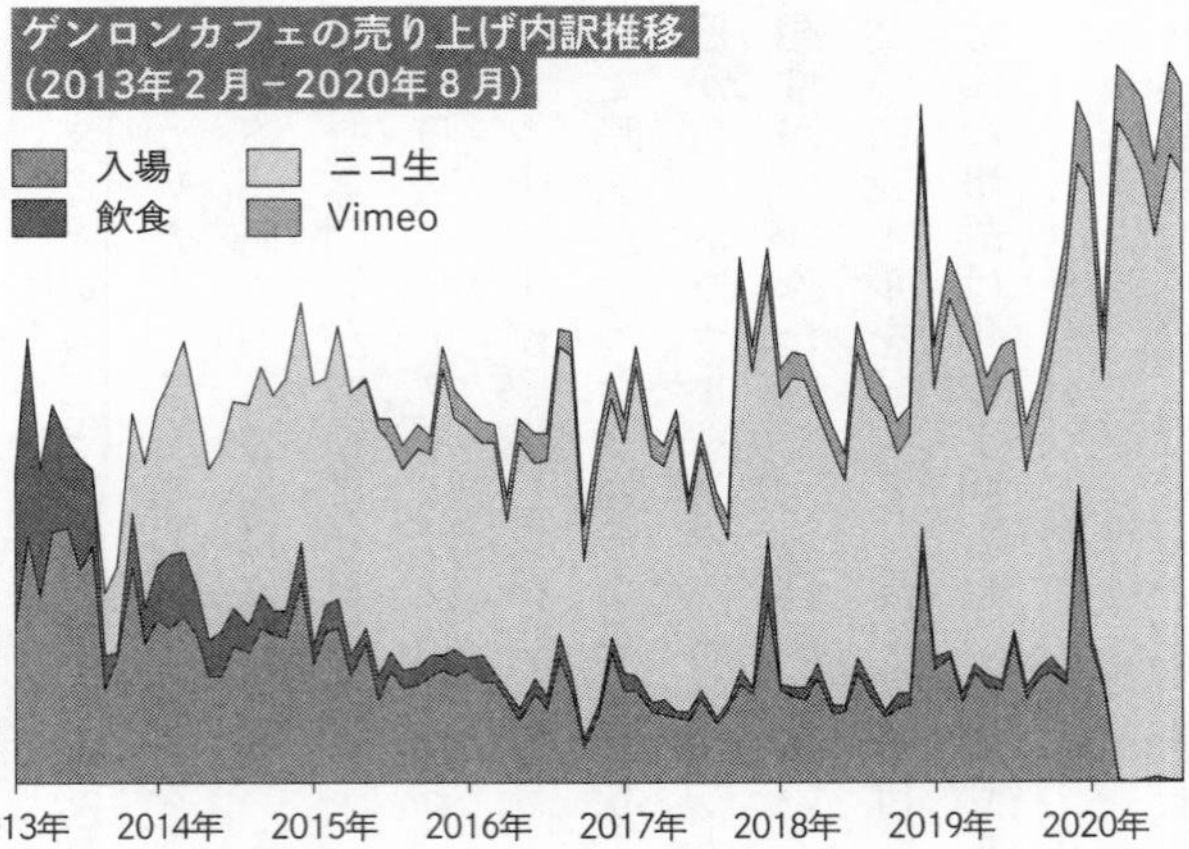

どん底から浮上

ゲンロンカフェの売り上げ推移を紹介します。縦軸が金額ですが、具体的な数字は隠させてください。ニコ生とVimeoについては、プラットフォーム上の総売り上げではなく、ゲンロンに入金される額で作成しています。

２０１６年から１７年にかけて落ち込みがありますが（その理由についてはすぐあとで述べます）、全体として成長していることがわかると思います。２０１３年の夏に方針転換があり、ニコ生が救世主になったこともよくわかりますね。当時はAさんの方針で無駄に飲食が充実していました。タイカレーとかドリアとかいろいろ売っていて、ゲンロンのロゴの焼き印が押された「ゲンロンカフェ特製ホットドッグ」を目玉にしていました。ホットドッグは当時まだ小学校低学年だった娘がよく食べていて、いい思い出があります。ホットドッグだけはいつか機会を見て復活させたいと思っているのですが、焼き印は友の会総会のオークションで売ってしまいました。

ところで、２０１５年からしばらく伸び悩み、２０１７年には落ち込んでいるように見えますが、これはじつはイベント数を絞り込んだからです。ゲンロンカフェは当初月に15回ほどイベントを開催していました。けれどもそれを続けていてはカフェだけの会社になってしまいます。それはゲンロンが目指す形態ではないので、２０１５年にスクールを始め、出版事業に再挑戦するにあたり、カフェの経営方針を少し変えることにしました。具体的にはイベントの数で売り上げを確保するのではなく、むしろイベントの質を重視し、１回あたりの利益を数値化することにしたのです。

具体的には、２０１３年には月平均16回だったイベント数を、２０１７年には6回まで減らしました。開業初期は正確な資料がないのですが、２０１４年のイベント平均来場者数は47人でした。ニコ生の平均視聴者数は１７４人です（10月から12月の平均値）。

1イベントあたり220人ほどが見ていた計算です。それが2017年には、平均来場者数が59人、ニコ生平均視聴者数が283人まで増えています。毎回350人ぐらいが見るところまで上昇させたわけです。経営的にはそちらに大きな意味があります。でもそのぶんイベント数が減ったので、全体の売り上げは減ってしまったわけです。

2018年以降は、収益性を保ちながらも、会社全体に体力が出てきたのでイベント数をまた増やし始めました。結果、昨年2019年は平均来場者数が60人、ニコ生平均視聴者数は313人、合計で370人ほどになっています。ここまで述べてきた視聴者数は個別番組購入者のものでありチャンネルの月額会員は入っていないので、じっさいはもっと多くのひとがイベントを見ていることになります。平均で400人近いという数字はかなりのインパクトがあります。カフェの会場には数十人のお客さんしかいないのですが、ゲンロンカフェの壇上で話すというのは、ちょっとした市民ホールで講演するぐらいの影響力があるわけです。

この上昇傾向はコロナ禍のあいだも続いていて、会場収入の損失を埋めてくれています。2020年2月末に無観客の運営を決めたときには、これで視聴者も離れてしまう

友の会会員のゲンロンカフェ利用頻度
(2020年9月)

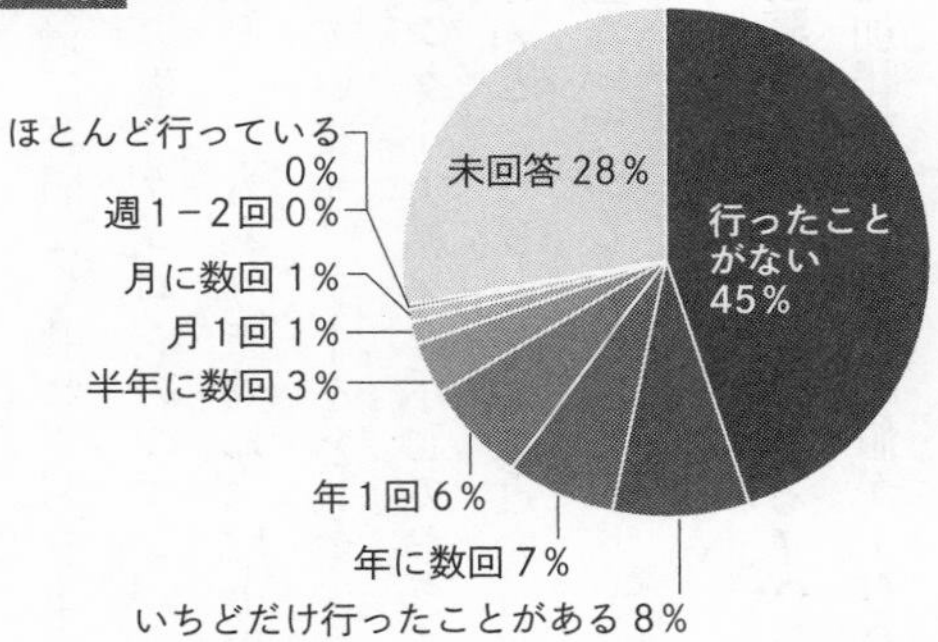

小数点以下四捨五入

のではないかと心配だったのですが、そうはなりませんでした。とはいえ、一日も早くお客さんを入れたいという気持ちは変わりません。リアルの会場とネットの放送、両方あってはじめてゲンロンカフェといえます。

収益率が高くなってきたので、登壇者のみなさんへも還元できるようになりました。もともとの出演料に加えて、2017年より視聴者数に応じたインセンティブ（追加報酬）の支払いを導入しています。生放送の購入者数が100人を超えるといくら、500人を超えるといくら、さらに1000人を超えるといくらというように段階的に出演料が増えていくシステムです。詳しい数字はいえませんが、10万円近い出演料をお支払いすることもあります。最近は書店のトークイベントだと出演料が無料ということも少なくないので、ゲンロンカフェは新しいビジネスモデルを確立したといえると思います。

最後に客層にも触れておきます。初期のころこそゲンロンカフェに来るお客さんはぼくの読者やゲンロンのファンが多く、20代から40代の男性が目立っていたのですが、いまはそうでもありません。壇上からの印象でも、多様なお客さんが増えたという実感をもっています。データとして、2020年9月16日現在での友の会会員（335名）のアンケート結果を示しておきます。友の会会員でもじつはカフェにいちども来たことがないというひとが半数近い。ゲンロンカフェのお客さんとゲンロンのお客さんはあまり重なっていないのですね。

視聴者1000人を超えるイベント

追加報酬の最初の閾値が100人に設定されていることからわかるように、当初は100人に売れるというだけでもたいへんなことでした。けれども、最近は多くのイベントで100人を超えるようになってきています。

『新記号論』講義の模様。2017年２月17日の第１回。右は石田英敬氏。
撮影＝ゲンロン

経営的に重要なのが、視聴者が１０００人を超えるイベントです。末端での売り上げは１００万円。そのすべてがうちに入るわけではないですが、やはり大きいです。むかしは１０００人を超えるイベントはありませんでした。はじめて視聴者が１０００人を超えたのが２０１６年9月21日のイベントで、社会学者の宮台真司さんとぼくの対談でした。当時は社内で大騒ぎになりました。それがいまでは、月に1回は必ず１０００人を超えるようになっています。

　有名人が出演したり、時事ネタを扱ったものばかりが視聴者数を稼ぐわけではありません。思わぬイベントが見られることもあります。

記憶に残っているのは、2017年2月17日に行われた、東京大学教授（当時）の石田英敬《ひでたか》さんを講師に、ぼくが聞き手となって行われた「記号論」についての講義です。これは哲学的にかなりむずかしい議論だったのですが、900人近くのひとが購入して視聴しました。いまの日本で記号論について専門書が出版されたとしても、2000部売れるか売れないかだと思います。その半分の数のひとがゲンロンの放送をお金を出して見たというのは驚くべきことですし、逆に、記号論にはほとんど知識も関心もなかったけど、ゲンロンだからおもしろそうだと思って見たというひとが多いのだとすれば、それもまたすごいことです。

このイベントは、売り上げが伸びただけでなく視聴者からも大きな反響が寄せられ、結局続きの講義を2回やって、最終的に『新記号論』（2019年3月）という本にまとめるところまでいきました。同書は2回も増刷しています。哲学や現代思想の本は売れないと言われますが、カフェや配信をうまく使うことで、広い読者に手に取ってもらうこともできる。ぼくの最初の本は哲学の本だったので、ゲンロンでこのような仕事ができきたのはとても嬉しいことです。

合理性からこぼれ落ちる「考える」

この章の冒頭で「誤配」という言葉を使いました。ゲンロンカフェが「誤配」の場そのものであることは、以上の説明でわかっていただけたのではないかと思います。ゲンロンカフェは、そもそも開設までのプロセスが誤配に満ちたものだったし、つくられた空間も誤配に満ちています。

言い換えれば、「無駄」なコミュニケーションが集積している場とも言えます。石田さんの初回講義は5時間を超えました。当然雑談だらけです。でもそれこそが、哲学に馴染みのないひとを哲学に引きずり込むフックになるのですね。ぼくはそういう雑談の時間をとても大切にしています。

そんなぼくの感覚は時代に逆行するものかもしれません。いまは合理性や効率がとても大切にされている時代です。魅力的なわかりやすいスライドとともに、ファクトとエビデンスを提示し、社会問題を解決するスマートな提案を数分で話す。そういうコミュニケーションがもてはやされています。

これは学問も政治も同じです。長い自民党政権でみんな忘れてしまっているけど、ゼロ年代には「マニフェスト選挙」という言葉が流行語になったことがありました。選挙では各政党がきちんと政策を出し、有権者はそれを比較考量して投票先を決めるべきだという話です。当時はそこにネットの夢が重なっていました。政治家はもっと合理的になるべきだし、有権者ももっと合理的になるべきだし、情報技術によってそういう合理性はどんどん高まっていくはずだという信念がありました。

その精神はいまも若い世代には生き続けています。ぼくのひとまわり下の評論家、荻上チキさんがメインキャスターを務めるTBSのラジオ番組のキャッチフレーズに「知る→わかる→動かす」というものがありますが、あの言葉は、そのような合理的な精神のありかたをうまく表現しています。正しいことを知り、きちんと理解すれば、社会をいい方向に動かせるはずだという理想ですね。

けれど、本書の冒頭で語ったように、ぼくはこの10年ですっかりそういう理想に対して懐疑的になってしまいました。震災後の日本で、「知る→わかる→動かす」のサイクルは機能したのか。トランプ大統領の誕生はどうか。あるいはコロナ禍下の現在の混乱はどうか。ＳＮＳで情報が増えれば増えるほどひとはフェイクニュースやポストトゥルースに飛びつくようになるし、「なにが合理的か」をめぐって非合理的な争いをするばかりです。そういう光景を見て、ぼくは「知る」と「わかる」と「動かす」だけではダメだと考えるようになりました。現実には世の中の問題は複雑で、長い歴史があったり利害関係が込み入っていたりして、「知れば知るほどわからなくなる」ことや「わかればわかるほど動けなくなる」ことが多い。その状況で問題を単純化して強引に社会を動かそうとすれば、かえって状況が悪くなることもある。ほんとうは、「知る」と「わかる」のあいだに、そして「わかる」と「動かす」のあいだに、「考える」というクッションが必要なのです。

ゲンロンカフェが大事にしているのは、まさにこの「考える」という行為です。思考は誤配＝雑談から生まれます。そして無駄な時間を必要とします。ひとはたいていの場合、まったく思いも寄らないことをきっかけに「考え」始める。そのきっかけは、ゲンロンカフェで３時間も４時間も経ったあとに登壇者が発した、何気ないひとことのようなものかもしれません。

そういう無駄は、ＴＥＤ（日本でも話題になったアメリカの社会問題提起型会議）ふうの「スーパープレゼンテーション」からは、あるいはテレビやラジオのような時間単価が高いメディアからは原理的に弾《はじ》かれてしまいます。合理的な情報伝達からこぼれ落ちる「考える」という行為のための場、それがゲンロンカフェなのです。

人気イベントに共通する「熱さ」

そういう意味では、ゲンロンカフェの経営は「非合理なもの」に触れ続ける経験でもあります。さきほど記号論イベントの集客が意外だったという話をしましたが、なぜあるイベントは１０００人を超える客を集め、なぜほかのイベントはだめなのか、自分が出演しているものを含めてよく理由はわかりません。登壇者にカリスマ性があるかないかだといえばわかった気になりますが、それは同じ疑問をべつのかたちで言い換えているだけです。

結局、イベントや登壇者の「魅力」の実態はよくわかりません。ただ、経験則として感じるのは、1000人を超える集客というのは、なんというか、なにかの「熱さ」がネットの口コミを介して細波《さざなみ》のように広がっていくことで生まれているということです。とはいえ、その波がどこでどう広がっているのか、その規模になってくるとぼくにもよくわからない。

ゲンロンカフェだけでなく、ぼくは最近、ゲンロンのお客さんそのものもよくわからなくなっています。顔は見えます。けれども、性別も年齢も職業も多様化していて、どういうひとたちなのかよくわからない。ゲンロンを創業したころは話は簡単で、ゲンロンの支持者は東浩紀の読者ということでよかった。

けれどもいまはそうではありません。ぼくは10年前のほうがメディアへの露出が多く、有名だったと思いますが、読者や支持者ははるかに単調でした。ぼくと同年代かそれ以下の、ネットやサブカルチャーに詳しい、学歴が高めの主に男性。それがいまでは大きく変わってきています。なぜゲンロンや東浩紀という名前にたどり着いたのか、よくわからないお客さんがたくさんいる。

コロナの流行が始まりゲンロンカフェでの観客受け入れ中止が決まった3月、カンパ商品を発売しました。カンパといっても、お金をもらうだけではなく、相当額の商品を販売して、ひとりひとりにお礼のメッセージを送りました。手紙にサインをするなかで気がついたのは、女性の名前が3割近くあったことです。お客さんが確実に多様化している。新しい支持者の方の多くは、ぼくの本を読んだことがなく、またゲンロンは東浩紀が創業したということも意識せず、「なにかおもしろいことが起きる場」「なんだかよくわからないけど熱い会社」みたいな感じでうちを応援してくれているのかもしれません。創業10周年を迎えたいま、ようやく「ゲンロン」や「ゲンロンカフェ」のほうが東浩紀という名前よりも大きくなる兆しが見えてきました。

ゲンロンはぼくを超えて成長しなければなりません。それこそが、2020年代の目標になります。ゲンロンカフェの配信事業はゲンロンの危機を救ってくれ、いまも成長し続けています。けれども、まだ出演者としてはぼくが稼ぎ頭です。その限界を超えて、いかにゲンロンとゲンロンカフェをほんとうの意味でのプラットフォームに変えていくか。そのアイデアは最終章で話そうと思います。

3　ゲンロンスクール

「新芸術校」「批評再生塾」開校

ゲンロンスクールも欠かせない事業です。さきほど語ったように、2014年に試しに開いた連続講座「ポストスーパーフラット・アートスクール」の評判が良かったので、翌年4月から新しいスクールを立ち上げることにしました。それが「ゲンロン　カオス＊ラウンジ　新芸術校」です。「カオス＊ラウンジ」は黒瀬さんが代表を務める若手美術家集団の名前で、ゲンロンが主宰、カオス＊ラウンジが監修のスクールという建て付けになっています。

これはかなり本格的なアートスクールで、のちに少し規模を縮小しますが、最初の2015年度は「春学期」と「秋学期」に分けて通年のプログラムを組みました。講義とワークショップを繰り返し、年度末にはゲンロンカフェを借り切って展覧会もやるという盛り沢山な内容です。黒瀬さんとぼくと上田さんの3人で、相談しながらプログラムのテーマやゲスト講師の顔ぶれを決めていきました。授業数がとても多いので、授業料も年間通して40万円ほどにしました。

内容には自信がありましたが、ゲンロンにとってはじめての事業です。いまだ経営危機の時期で、広告費も最低限。とりあえずウェブサイトは気合を入れてつくりましたが、あとは『美術手帖』に広告を出したくらいでした。ちなみに『美術手帖』の広告料はかなり高くて、出稿を決めたときに緊張したのを覚えています。『美術手帖』さんにはほかにも協力してもらうことがあったので、黒瀬さんと一緒に編集部まで挨拶に行きました。「新芸術校」という名前は、たしかその帰り道の四ツ谷駅近くの喫茶店で決まりました。

けれども、蓋を開けてみれば春学期は定員30名がしっかり埋まり、しかも通年の申し込みがほとんどでした。当時はとにかくお金がなかったので、1000万円以上のキャッシュが入ってきたインパクトは大きかったです。受講生が若い美大生や専門学校生ばかりではなく、年齢や職業がじつに多様で、募集広告でゲンロンの名前をはじめて知ったというひとがけっこういたことも驚きました。スクール事業はゲンロンを変える存在になるかもしれないと思いました。

同じ年には、2ヵ月遅れで「ゲンロン　佐々木敦　批評再生塾」というスクールも開校しました。こちらは批評家の佐々木敦さんからもちかけられた企画でした。佐々木さんは「批評家養成ギブス」という講座を長いあいだやっていたのですが、それが終わるというんです。そこで、ゲンロンはアートスクールもやるみたいだし、批評の塾もやるのはどうかと提案がありました。もともとぼく自身も批評家で、ゲンロンのほかの活動とも親和性がありそうだし、ぜひという話になったわけです。

弓指寛治くんが描く悪と死

新芸術校の第1期生は個性的な面々で思い出が多いのですが、とくに触れておきたいのは弓指《ゆみさし》寛治くんです。

弓指くんは新芸術校第1期で最優秀賞（金賞）を受賞しました。その後も活躍を続けていて、2018年には第21回岡本太郎現代芸術賞で岡本敏子賞を受賞、津田さんが芸術監督を務めたあいちトリエンナーレ2019では、「輝けるこども」という作品を発表して話題になっています。

彼は魅力的な絵画を描くというだけでなく、ぼくの哲学的な関心（悪や加害の問題）にもきわめて近い問題を扱い続けていて、その点でも注目しています。「輝けるこども」は、2011年に起きた「鹿沼市クレーン車暴走事故」を題材にしているのですが、犠牲になった小学生たちの遺族、加害者側の親族の双方と連絡を取りつつ、たいへんに繊細な作品をつくっている。政治や報道の言葉はどうしても加害者と被害者を対立させてしまうものですが、その対立を芸術の力によって揺るがすというむずかしい課題に、いまもっとも真摯に取り組んでいる作家のひとりだと思います。

そんな弓指くんですが、じつは彼が新芸術校に通っているなかで大きな出来事がありました。彼自身が公の場で語っていることなのでここでも話しますが、弓指くんのお母さんが交通事故に遭ってしまい、その後、後遺症を苦に自死してしまったのです。この事件がきっかけとなり、彼は作風をがらりと変え、自死や事故、死というものをテーマにした創作活動を始めます。

そんな彼の変化はスクール全体にも影響を与えました。彼は夏までは生徒のひとりでしかなかったのですが、あるとき急に来なくなる。どうしたのかと聞いたら、お母さんが亡くなったと。

その後スクールに戻ってくるのですが、雰囲気や作風はそれまでとまったく変わっていました。そして、その変化がクラス全体に伝播し、生徒相互の関係を変えていった。なんというか、クラスからコミュニティに変化したとでもいうのでしょうか。その変化は結果的に個々の作品の力も高め、新芸術校第1期の成果展覧会は、審査員の浅田彰さんから高い評価を受けたほか、Twitterの口コミで話題になり、無名のスクールの学生展覧会にもかかわらず多くの著名な先生や美術評論家の方が来場してくれました。

それを見て、こういう関係をつくれるのがゲンロンの強みだなとあらためて思いました。新芸術校第1期の経験は、いまに続くスクール事業全体の柱になっています。

スクールの価値は教室の外にある

いま「コミュニティ」という言葉を使いました。一般的な塾やダブルスクールだと、大事なのはあくまでも授業、つまり「知識や技術の伝達」であり、それ以外はサポート対象にしていません。最近ではコロナのせいで、大学教員も授業だけが大事だと言うようになりました。けれども、ゲンロンではそう考えません。授業から離れた講師や生徒たちの関係があって、はじめて授業は力を発揮すると考えています。

その最たるものが飲み会です。飲み会は最近では評判が悪い。だからゲンロンの方向はまたもや時代と逆行しているのですが、ゲンロンスクールは、新芸術校に限らず飲み会が充実しているので有名です。いまはコロナ禍のせいで無理ですが、授業後にみなやたらと飲みに行くんですね。講師が交ざることも多く、議論はときに徹夜で続きます。SF創作講座やマンガ教室だと、そこにさらに先輩がやってきて、後輩の作品を読んで講評するなんてことも起こる。そういう分厚いコミュニティがあることがゲンロンスクールの強みです。

ぼくもときおり顔を出すのですが、そこでのコミュニケーションを見ると、やはり人々が物理的な空間を共有することは大事だと痛感します。オンラインのやりとりでは炎上しかねないようなことも、物理的に近い場所にいればさらりと言えてしまうし、また言ってもそれほど相手が傷つかないということがありうる。

だからハラスメントが許されるという意味ではありません。けれども、そこに違いがあることは端的に事実であって、会わなくても本質的なコミュニケーションができるというほうが現実を見ない幻想だとぼくは思います。そして、そういう「ほどほどに傷つけあうことができる」コミュニケーションの環境が、作品の指導や受講生同士の切磋琢磨には絶対に必要なんです。それは教室だけでは提供できません。

むろんゲンロンが会社としてできることには限界があります。あたりまえですが、スクールのプログラムには飲み会は入っていません。それはあくまでも、生徒が自主的に、授業とは「関係なく」やるものです。

けれども、その「関係ない」ものこそがスクールの本質を支えている。だから飲み会の開催は妨げない。つまりゲンロンは飲み会に対して、責任があるようなないような中途半端な立場を取っている。まさにそのような中途半端さこそが、いまの大学では保てなくなっているものだと思います。ほんとうは大学の先生だって、教育にとって大事なのは講義だけじゃなく、生徒が飲み食いしながら親密なコミュニティをつくることだというのはわかっているはずです。けれども、いまの大学ではそういう親密さはリスクだと考えられている。トラブルが起きたときに、すべて大学の問題として対応せざるをえなくなっていますから。

繰り返しますが、ぼくはべつにいわゆる「飲みニケーション」を肯定しているわけではありません。ぼく自身、90年代に新宿ゴールデン街の文壇バーに連れて行かれて、マッチョでハラスメント的な空間にうんざりした経験があります。そういうノリが批判されるのは正しい。

けれども、物理空間の効用そのものまで否定される必要はない。否定されるべきは物理空間で生じがちなパワハラやセクハラなのであって、ひとが面と向かって飲んで話すことのポジティブな価値を否定するべきではありません。それはそれで積極的に利用していけばいいんです。

コミュニティをつくり、生徒同士が親しくなれば、トラブルも起きます。新芸術校にしてもSF創作講座にしてもマンガ教室にしても、スクールに来るひとの多くはプロになりたいひとだから、相互に嫉妬もあるし、屈折や怨嗟《えんさ》を抱える受講生も少なくない。

なかにはゲンロンに対して、ぼくたちから見れば不当と思うような怒りをぶつけてくる生徒もいます。けれども、そういう「面倒な人間関係」を含めてゲンロンスクールなのだと、最近は割り切っています。さきほどまでの言葉でいえば、それもまた「誤配」です。教育は誤配のリスクなしには不可能です。

「観客」も文化をつくっている

コミュニティにはまたべつの効用もあります。スクールに来るひとの多くはプロになりたいのだと述べましたが、現実問題としてはプロになれるひとはごく少数です。生徒のほとんどは夢を実現できない。

これはゲンロンスクールだけの問題ではありません。教育全体の問題です。どんな分野でも、才能があって、好きなことを仕事にできるひとは１００人か２００人に１人です。もっと少ないかもしれない。にもかかわらず、１００人や２００人からお金を取るとは一体どういうことなのか。教育というのは、一歩まちがえれば、自己啓発系の詐欺行為になる危険性をつねに抱えているわけです。

ゲンロンスクールの模様。2020年６月27日の「ひらめき☆マンガ教室」第３期最終講評会。左からさやわか、武富健治、ブルボン小林、金城小百合の各氏。撮影＝ゲンロン

この問題に教育者はどう対処すべきか。ゲンロンスクールを始めて5年、ぼくが見出した答えが「コミュニティをつくること」です。べつの言いかたをすれば——第6章でさらに詳しく述べますが——、受講生に、コンテンツの制作者になる道だけでなく、「観客」になるという道を用意することがとても大事になってくる。作品を発表しそれで生活するプロになることはできなくても、作品を鑑賞し、制作者を応援する「観客」になるのもいいではないか、ということです。

観客になるなんて負け組じゃないか、というひともいるかもしれません。けれどもそれはまちがいです。美術でもＳＦでもマンガで

もなんでもいいですが、あらゆる文化は観客なしには存在できません。そして良質の観客なしには育ちません。日本では同人の二次創作と商業マンガの関係を考えると理解しやすいかもしれません。比喩としていえば、壇上で踊る人間だけが文化を創っているわけじゃない。壇の下＝客席で踊りを見ているひとも一緒になって文化を創っているんです。客席に座り続けるひとを育てていくというのも、教育の大きな役割です。

ほんとうはむかしは出版社もそういうことをやってきたのだと思います。小説であれば、作家を育てるだけでなく、読者を育ててきた。文芸誌も読者とともに育ってきた。けれどもいまの出版社は、売れる作家をどこかから探し出してきて、一発当てることしか考えていないように感じます。読者＝観客を育てるという発想を、出版人は忘れてしまったのではないでしょうか。

だから、ゲンロンでは、才能あるクリエイターではなく、それを支える批判的視点をもった観客も一緒に育てたいと考えているのです。むろん、全員が全員、観客であることに満足するとは思わない。けれども、教育のなかで「おれには才能がない」と腐りかけていた受講生が、「たしかに自分には才能がないかもしれないけど、まわりには才能がある連中がたくさんいるし、そいつらと一緒にムーブメントを起こすのもおもしろいじゃないか」と感じてくれたら、それこそ未来につながると思うんです。

いまはみながみなスターを目指している社会です。新自由主義とSNSがその傾向を加速しました。けれどもそれは原理的にまちがっている。だって、みながスターになることは原理的にありえないんだから。だから、スターだけが文化を創るのではなく、じつはその周囲のコミュニティこそが大切なんだという価値観をもっと広めていく必要があります。ゲンロンスクールをやっていくなかで、この「観客」の問題もまたゲンロンの肝なのだと考えるようになりました。

大森望さんの愛と情熱

大森望さんが主任講師を務める「SF創作講座」の話もしておきます。こちらは2016年4月に始まりました。

スクールのなかでは、このSF創作講座がいちばん成果が出ているといえるかもしれません。第2期受講生の高丘哲次さんが日本ファンタジーノベル大賞2019を受賞したほか、メフィスト賞、創元SF短編賞、星新一賞など、さまざまな受講生や卒業生が多くの賞を獲得しています。ほかにも商業デビューする受講生が多く、講座開設からわずか4年ですが、日本SFの登竜門のひとつとみなされています。ほんとうにすごいことです。

なぜそれほど成果が出ているのか。現実の教室運営を見ると、まさにいま述べた「コミュニティ」「観客」の力がいかんなく発揮されていることがわかります。大森さんが2020年度の開講案内に寄せた文章の一部を引用します。

これは自主的な課外活動の範疇ですが、講義終了後の飲み会では、毎月、朝まで語り合う受講生も多数。卒業生、現役生有志合同の懇親会も開かれています。同じ目標に向かって進む仲間との情報交換が貴重な財産になっているようです。

来期以降も続くかどうかはわかりませんが、現在は、毎月提出される課題作品を元受講生がウォッチして講評するインターネットラジオ番組「ダールグレン・ラジオ」や、講座前に受講生が集まってたがいの作品について語り合う感想交換会（オフライン／オンライン）、Zoom飲み会などが自主的に開催され、講師以外からのセカンドオピニオン、サードオピニオンを聴くこともできます。

さらに、元受講生によるSF同人誌《SCI-FIRE》が刊行されるなど、講座だけではなく、（積極的に参加するかどうかはともかく）さまざまな活動の輪が広がっているのが特徴です。

「ゲンロンSF創作講座２０２０へようこそ」
URL=https://school.genron.co.jp/sf/

飲み会があり、先輩による自主的な作品講評会があり、さらにインターネットラジオや同人誌がある。講座がひとつの「コミュニティ」になり、受講生自身が「良い観客」になって教育の場を支えている。ぼくはさきほど受講生から受賞作家が相次いで出ていることを「成果」だと記しましたが、ほんとうの成果はこのような場が生まれたことにあるのかもしれません。デビューできた受講生だけでなく、デビューできなかった受講生も、みなが活躍している。

その全体を支えているのが大森さんの情熱です。ＳＦ創作講座は、生徒がまず書きたい作品の梗概《こうがい》を出して、梗概審査を通ったひとだけが実作を審査してもらえることになっています。梗概で落とされたひとも実作を提出することはできますが、コメントがもらえるとは限りません。このようなプログラムにしたのは、大森さんやゲスト講師のみなさんに気をつかったつもりでした。40人以上の生徒が提出する小説を（全員は提出しないとしても）毎月毎月読むなんて、あまりに負担が大きいからです。

ところがじっさいに講座が始まってみると、大森さんはなんと提出作を全部読んでしまう。しかもちゃんと授業で紹介してコメントする。ぼくは驚きました。

大森さんの負担が大きいので、ゲンロンでは下読みを入れるなどの体制変更を提案しました。でもこれでいいとおっしゃる。しかも、授業後も飲み屋に場所を移して、深夜まで延々と指導をしてくださる。この愛と情熱にはほんとうに頭が下がります。その情熱は確実に受講生にも伝播していて、受賞作家輩出や「コミュニティ」「観客」の充実につながっている。

ぼくは大森さんとは20年以上まえからのおつきあいです。けれども、今回講座を一緒に運営するまで、こんなに愛と情熱があるひとだとは思っていなかった。大森さんのメディア上の発言はもっと「冷めた」印象を与えるものが多いので、それに騙されていました。自分の不明を恥じています。

プロフェッショナルの思想と型

ゲンロンスクールではコミュニティが重要だと言いましたが、そもそもSFはコミュニティが強い世界です。第1章でも触れましたが、毎年SF大会が開かれていて、作家だけでなくコアな読者も集まって交流している。ゲンロンの創業は、遠く遡ればそういう世界への接触がひとつのきっかけになっているので、その意味ではSFとはもともと相性がいいのかもしれません。

SF創作講座では、講師に作家ではなく編集者もいるのが特徴です。これは大森さんのアイデアでした。

SF専門の編集者の数は限られています。彼らは所属出版社の垣根を越えてSFファンとして親しくつきあっている。SF創作講座には、そういう編集者さんが講師としてやってきます。早川書房さんや東京創元社さんの編集長クラスが、目のまえでプロの作家と話している。自分の作品ではなくほかの受講生の作品について話していたとしても、すごく勉強になるはずです。業界の話も本音で教えてくれる。

編集者は、まさに「良い観客」であることが職業です。大森さんが編集者を講師陣に入れるべきだと言ったのは、じつに慧眼だったと思います。講師の側に「良い観客」がいるからこそ、受講生から、作家だけでなく「良い観客」も育ってくる。

ゲンロンスクールをやっていると、人間のコミュニケーションってなんなのかなと考えてしまいます。飲み会は飲み会ですから、内容だけ見ればなんの勉強にもならない、取り留めのない話が多い。そこだけ見れば出席の必要はないということになるでしょう。けれども現実としては明らかに成果につながっている。でもどうつながっているのかはわからない。

だれでもそうでしょうが、長時間の飲み会なんて、なにを話したかほとんど覚えていないものです。けれども「すごかった」みたいな感覚は残り続けるし、結局はそういう感覚でひとは動く。目のまえにプロの作家や編集者が来て、なにかを話している。それだけで、彼らの喋りかた、振る舞いかたから、作品や論文を読んでいる以上のものを受け取ってしまうんですね。そういうコミュニケーションの空間を確保することは、いまの時代とても大事だと思います。

裏返していえば、いかにいまの世の中はそういう空間に対して厳しくなってしまっているかと思う。「宴もたけなわでございますが……」という常套句がありますが、あれほどもったいない行為はない。見知らぬひとが集まって話が盛り上がるというのは、それだけで貴重なんです。「たけなわだったらまだまだいきましょう」となったほうがいい。

ゲンロンカフェもゲンロンスクールも、「たけなわ」を絶対に邪魔しないという運営方針で貫かれています。それはたいへんだし、面倒なことです。でもそれをやらないと、ひとは「考える」ようにならないし、クリエイティブなこともできない。

デリダの哲学の実践

本章ではここまで、ゲンロンの危機を救ってくれたカフェとスクールについて語りました。それらはともに、偶然の連なりで始まり、予期せぬ方向へと成長していった、それ自体「誤配」に満ちた事業でもありました。ふたつを貫くゲンロンの精神もわかってもらえたのではないかと思います。

最後に、話が抽象的になりますが、オンラインとオフラインの関係についても触れておこうと思います。カフェでもスクールでも、ぼくがここまで強調してきたのはオフラインの重要性でした。カフェならば、3時間でも4時間でも登壇者たちが顔を突きあわせて、壇上でじっくりと語りあう。スクールならば、授業が終わったあとの飲み会で議論する。ともにオフラインが大切という話です。

誤配はオフラインのコミュニケーションのほうがはるかに起きやすいものです。これはじつはぼくの大学院時代の専門である、ジャック・デリダというフランスの哲学者の主張と深く関わっています。

ここでは詳しい解説はしませんが、そのデリダという哲学者は、言葉は単なる記号ではなく、つねに「エクリチュール」（文字）という身体をもっているのだと言いました。誤配は身体なしには起こりません。にもかかわらず、ぼくたちはともすれば身体の存在を忘れてしまう。たとえば書籍は物体であり、じっさいに書籍を買うとき、ぼくたちはその物体に対してお金を払っている。けれども、なぜか本の話をするときは中身の情報の話ばかりしてしまいがちです。人間にはそういう傾向があり、危険だよとデリダは言っていたのですが、ぼくのゲンロンでの仕事はまさにその教えに導かれているようなところがあります。

とはいえ、ぼくはけっしてオンラインのコミュニケーションを全否定しているわけでもないのです。むしろ現実には、ビジネスとしては圧倒的にオンラインに頼っている。前述のようにカフェの収益のほとんど（コロナ禍以降はすべて）はオンライン配信での売り上げですし、のち話すように、いまはオンラインの新たなサービスまで開発しています。そこがゲンロンが誤解を受けやすいところなのかもしれません。

ではそのふたつの態度はどうつながるのか。ぼくはじつは、大事なのは、オンラインの誤配なきコミュニケーションを、どうやって効果的に「オフラインへの入り口」＝「誤配の入り口」に変貌させていくかという問題意識だと考えているのです。

次章ではこんどは、チェルノブイリツアーというまたべつのゲンロンの事業を紹介しながら、その問題意識が「オフラインへの入り口」としての「観光客」という視点に発展していったことについて語ります。

2014年11月17日。
チェルノブイリ原発２号機制御室。第２回ツアー。
撮影＝ゲンロン

1　チェルノブイリ

「観光客」の哲学の萌芽

ゲンロンが危機にあった2012年から15年のあいだ、カフェやスクールとはべつに、もうひとつ力を入れていた事業がありました。それがチェルノブイリへのツアーです。1986年に原発事故を起こした、あのウクライナのチェルノブイリです。

前述の『チェルノブイリ・ダークツーリズム・ガイド』を文字どおりのガイドブックとして、ぼくと監修者の上田洋子さんが講師になって（第1回は上田さんのみ）、じっさいにチェルノブイリの原発事故跡地を訪ねてみる1週間ほどのスタディツアーです。旅行会社（2013年の第1回はJTBコーポレートセールスさん、2014年の第2回以降はHISさん）と組み、いままでに5回開催しています。

『チェルノブイリ』は2013年4月の取材をもとにつくった書籍です。その取材があまりに印象的だったことから、読者をじっさいに現地に連れていきたいという思いが募り、同年の秋からツアーの企画を始めました。前章の最後で述べた、オンライン（書籍）の情報を「オフラインへの入り口」として使うという実践の典型で、売り上げこそ小さいですが、ゲンロンの精神を体現する事業だと位置づけることができます。今年はコロナ禍で開催できませんでしたが、今後も続けるつもりです。

まずは、いままでもたびたび名前が出てきた上田さんとの出会いから振り返っておきます。のち第5章で述べるように、彼女はじつは、いまやぼくのかわりにゲンロンの代表を担い、人事や経営を取り仕切っています。けれど、最初はうちの事業とはかなり距離のあるひとでした。

震災と原発事故がゲンロンの出版の方向を大きく変えたという話はすでにしました。そのなかで『日本2・0』を編集しながら、さてつぎはなにをしようかと考えているときに、ある海外の記事を見つけました。その記事では、チェルノブイリ原発事故で爆発を起こした4号炉のすぐ目のまえで、半袖で記念写真を撮影している英国人のすがたが紹介されていました。ぼくは素朴に、「えっ、チェルノブイリって放射能で汚染された

「死の大地」だったんじゃないの？」と驚きました。

調べてみると、チェルノブイリ原発事故被災地——通称「ゾーン」といいます——は、2011年の4月から観光客に条件つきで開放されていることがわかりました。2011年というのは、福島の事故の年であるとともに、チェルノブイリ原発事故から25周年でもあります。それを機に原発事故跡地の「観光地化」が始まったわけです。さらに驚くとともに、たいへん興味を引かれました。

もともとぼくは、公共空間というのは、「意識の高い」リベラルなひとがつくる制度的なものだけではなく、軽薄な消費者がつくる自生的なものでもあるのではないかといった考えかたをもっていました。詳しくは説明しませんが、それは、戦後日本が育んだ大衆社会に対する信頼というか、ある種の「戦後民主主義」にポストモダニズムがくっついたような思想で、『思想地図β』の創刊号でショッピングモール分析に誌面を割いたのもそのような関心があったからです。

だから、チェルノブイリに関するその事実を知って、これは自分の哲学的なテーマと関係するし、また福島復興への新しい視点になるのではないかと直感しました。災害や死といった「重い」記憶を、観光客という「軽い」存在を媒介させて未来に伝えることができるのであれば、そこには大きな可能性があるはずです。

上田洋子さんとの出会い

というわけで、チェルノブイリの観光地化の実態を見るため、取材に行きたいと思うようになりました。けれども、これが自分で調べてもまったく埒があかない。チェルノブイリは旧ソ連圏のウクライナにありますが、ぼくはロシア語もウクライナ語もできない(じつは大学時代にロシア語を学んでいたのですが、すっかり忘れていました)。取材で行くからには、きちんとしたガイドをつけて、現地でしかるべきひとたちに話を聞かなければいけないのですが、英語で調べても情報が出てこない。日本語でも、当時は観光地化については紹介がありませんでした。

具体的な進展がないまま、あっというまに時間が過ぎて年末になりました。そのときたまたま映画配給会社から、アレクサンドル・ソクーロフ監督による『ソルジェニーツィンとの対話』という映画の上映会があるから、アフタートークで話してもらえないかという依頼があったんです。ソルジェニーツィンは旧ソ連の反体制作家で、ぼくはじつは学生のころ、この作家についてのエッセイで批評家としてデビューしています（「ソルジェニーツィン試論——確率の手触り」『批評空間』第１期第９号、１９９３年４月）。だから依頼があったんでしょう。

でもじっさいにはエッセイから20年近くが経っていて、ロシア文学からも遠ざかっていました。そもそもソルジェニーツィンも好きで読んでいただけだし、講演をするほどの専門的知識はない。そこで聞き手がほしいと返事をしたんです。そうしたら、字幕を担当したひとが聞き手になりますということになった。それが上田さんでした。ぼくは最初上田さんをロシア映画の字幕をやっているひととして知った。彼女も、ぼくの仕事はよくわかっていなかったと思います。

上田さんは字幕を担当しているくらいだから、当然ロシア語ができる。そこでアフタートークが終わったあと、「ぼくはいまチェルノブイリに関心があって、取材に行こうと思うんだけど情報が手に入らない、一緒に調べてくれるひとを探しているんです」と尋ねてみたんです。うちは小さい会社なのでたいして謝礼も払えません。無理だろうと思っていたら、「私、前職を辞めたところで時間があるし、興味があるんでやりますよ」と即答をもらった。ぜひお願いします、とトントン拍子に話がまとまりました。

そんなふうに上田さんとの関係は始まったので、彼女は最初はゲンロン全体を見る社員ではなく、あくまでもチェルノブイリ取材を補助するリサーチャーであり、契約も雇用ではなくて業務委託でした。それが、2014年の春に、ゲンロンの混乱を見るに見かねて雑務一般を担当する社員になってくれた。そんな彼女がやがて代表になるのだから、世の中わかりません。

いまではチェルノブイリ観光の情報は英語でたくさん見つかります。けれども、さきほどいったとおり、当時はまったくといっていいくらい情報がありませんでした。ところが、上田さんに事務所に来てもらい、ロシア語で検索してもらったらツアーの情報がどんどん出てくる（当時はいまと政治情勢が異なり、ウクライナの情報もロシア語でかなり見つかりました）。それだけではなく、上田さんは見つけた人名をどんどんFacebookに入れて検索して、「あ、このひともFacebookやっているみたいだからメッセージ打ってみましょうか。おっ、さっそく返事がきましたよ」みたいなことが起きていく。

これはたいへんなことだ、と思いました。ネットはグローバルだと言われているけど、ロシア語で検索するのと英語で検索するのとでは見える風景がまったくちがう。そもそもどのような言葉で検索するのかがわからなければ、ネットはなんの役にも立たないのです。このときの衝撃については、『弱いつながり』（幻冬舎、2014年7月）という本のなかで詳しく書いています。

8人でチェルノブイリへ取材旅行

上田さんはロシア演劇の専門家なのですが、高校生のころはワンダーフォーゲルでインターハイに出た経験があるとのことで、仕事を始めてみたらえらくエネルギッシュなひとでした。

そんな上田さんが牽引してくれたおかげで、取材の詳細がどんどん決まっていきました。ウクライナはコネ社会です。旧ソ連圏に共通の傾向なのでしょうが、正規のルートで依頼するだけでなく、キーパーソンを捕まえて、親密な関係のなかで連絡を取ること、つまりひととひととの関係がすごく大事になります。オープンフォームで問いあわせをしてもまともな返事が返ってこないけれど、直接電話したり、メッセージを打ったりすると急にスムーズにいくことがある。逆にいちど親密な関係に入ると、いろいろ便宜もはかってもらえる。上田さんが交渉全般をロシア語で行なって信頼を獲得してくれたおかげで、結果的に原発のなかまで入れることになりました。ふつうの観光客ではとても入れません。

そんなわけで準備が順調に進み、2013年の4月はじめにチェルノブイリに行くことになりました。ぼく単独での取材には不安があったので、チームを組みました。ジャーナリストとして経験豊富な津田大介さんと、福島県出身の社会学者として当時原発問題に積極的に発言していた開沼博さん、ほか取材をグラビア入りで書籍化したかったので写真家の新津保建秀さんに協力をお願いし、さらに通訳・コーディネーターとして上田さん、ゲンロンから助手として徳久くん、そして動画撮影チームとしてふたりが同行し、結局取材班はぼくをいれて8人になりました(じっさいにはさらに取材にふたりほど同行したひとがいたのですが、彼らはゲンロンのしきりとはべつに合流していました)。8人1週間の海外取材です。

第2章で述べたように、当時のゲンロンはすでにお金がなく、取材費を捻出するのが一苦労でした。そこで、津田さんのアイデアで、CAMPFIREでクラウドファンディングを行うことになりました。動画撮影チームが必要だったのは、そこで支援への返礼品として取材の模様を記録したＤＶＤを送ることにしたからです。このクラウドファンディングはたいへん好評で、６００万円以上が集まり、当時のCAMPFIREでは支援総額1位となりました。ほんとうに助かりました。支援してくださった方にはいまも感謝しています。

このときの取材記録をもとに出来上がったのが、さきほどから名前を挙げてきた『チェルノブイリ・ダークツーリズム・ガイド』です。タイトルからわかるように、観光ガイドの形式を真似て、あえて原発事故跡地を「軽く」紹介する見かけにしました。とはいえ中身はかなり重くて、事故を起こしたチェルノブイリ原発のなかも撮影しましたし、さまざまなキーパーソンにインタビューもしました。日本語でのゾーンの紹介としては、いまもっとも充実した書籍かと思います。

上田さんと出会ったのが２０１２年末で、翌年4月には現地取材、7月には同書を刊行していますね。同時にゲンロンカフェも開業し、Aさんの退社などもあったので、その半年はえらく慌ただしかったのを覚えています。『チェルノブイリ』は、さすがに創刊号の3万部には及びませんでしたが、2万部にいきました。読者の反応もよく、この手応えなら姉妹編の『福島第一原発観光地化計画』は成功するだろうと思い、経営者として心が軽くなりました。じっさいはそうならなかったわけですが。

2　観光客

ダークツーリズム

本章冒頭で話したように、『チェルノブイリ・ダークツーリズム・ガイド』の出版後、この本をガイドに現地を訪れるツアーをできないかという話が立ち上がりました。こちらも上田さんの頑張りで、あっというまに実現が決まりました。主催旅行会社を探してきたのも彼女です。

初回は２０１３年11月に行われました。４月の取材で体験した驚きや興奮を追体験してほしいという趣旨だったので、プログラムはがちがちに詰め込んで、原発に入るだけでなく、ゾーン内でも一泊し、事故処理に携わったひとの話を聞いたり、被災者が住む村を訪れたりとふつうのツアーではとても実現できないような学びのあるツアーにしました。

問題は旅行代金で、日本からウクライナへは直行便が飛んでいません。第三国を経由するので時間がかかりますし、そのぶん航空券も高くなります。初回は33万８０００円となりました。ゲンロンはその一部を企画料としてもらいます。

当時はゲンロンはスクールもやっておらず、そのような大型商品を売り出すのははじめてのことです。福島の事故のせいで放射能への恐怖もまだ強かった時期で、じっさいに抗議の電話がきたりもしました。25年以上前の出来事とはいえ、世界最大の原発事故跡地に向かうツアーに何人が参加してくれるのか、まったくの未知数でした。

結果的に30人の定員が埋まり、ツアーは成功に終わりました。いま振り返れば、当時の状況下でよく敢行できたなと思います。ツアーの募集サイトに、ぼくはこのような紹介を記しました。

ここにご紹介するツアーは、ゲンロンがＪＴＢコーポレートセールス様とともに開発した、キエフおよびチェルノブイリ見学ツアーです。このツアーのポイントは、日本で初めて、チェルノブイリ原子力発電所敷地内への一般観光客向けの見学ツアーを実現したことにあります。個人旅行でキエフでツアーを手配しても、原発内見学は付随しません。このツアーでは、みなさんは、実際に原発の制御室にまで入ることができます。ツアーには、『チェルノブイリ・ダークツーリズム・ガイド』監修者であるロシア文化研究者の上田洋子が同行し、同書に登場するウクライナ側関係者との意見交換会も設けます。また、ツアー前後に、ツアー参加者に向けた特別セミナーを実施します。

ツアーには、18歳以上で健康であればだれでも参加できます（未成年はキエフまでは行けますが、原発周辺の立入禁止区域、通称ゾーンに入ることができません）。放射能は大丈夫なのかと不安を抱かれるかたも多いかと思いますが、現実には、ゾーンの大部分において、空間放射線量は東京と同じくらいに低く、原発の敷地内でもそれほど高くはありません。数μシーベルト毎時です。参考までに、4月にぼくたちが現地取材に訪れたときの、Safecastによる計測値を公開しておきます。

「東浩紀監修　チェルノブイリ原発見学と事故の記憶をたどる7日間」

URL＝http://genron.co.jp/goto_chernobyl

復興の可能性

チェルノブイリ原発は、無事だった原子炉を事故後も動かし続け、２０００年にようやくすべての原子炉を停止しています。もう発電はしていませんが、電力ネットワークの要所にあることから配電業務は行なっていますし、また廃炉作業もあるので多くのひとが働いています。つまり現役の施設です。

ひとは原発事故のようなことがあると、現場は無人のまま打ち捨てられ、だれも近づけない「死の土地」になったと考えてしまいがちです。ぼく自身もそうでした。けれども、考えてみればそんなわけはない。だれかが事故処理をしなければならないし、その作業員にも生活がある。

事情は福島でも同じはずです。当時は福島の事故の記憶が新しい時期でしたから、チェルノブイリツアーには、参加者にそんな「事故後」の現実を偏りのない目で直視し、復興の可能性について考えてもらいたいという狙いもありました。その狙いはちゃんと受けとめてもらえて、参加者のみなさんには高い評価をいただきました。その評価が出発点となり、チェルノブイリツアーは翌年以降、年に1回開催されるゲンロン恒例の事業へ成長していきます。

ただ、初回のときはゲンロンの経営はガタガタで、ぼくも講師として同行できる状況ではありませんでした。ツアーを終えて帰国した上田さんに、このままでは近いうちに倒産する、きみにもお金が払えなくなるかもしれないと話し、驚かれたことを記憶しています。ツアー参加者のみなさんも、まさか本体のゲンロンがそんなギリギリの状況だとは夢にも思っていなかったことでしょう。

観光客のアプローチと広河隆一氏のアプローチ

それにしても、なぜツアーまでやることにしたのでしょうか。前述のとおり、基本的な動機は、4月の取材があまりにも印象的で、この感覚は言葉だけでは伝わらないと感じたことにあります。でもそれだけではありません。

もうひとつ大きな動機として、取材のなかで、「あれ、これって取材というよりも観光じゃないか?」「むしろぼくたちは観光客だからいい取材ができているのでは?」と思う瞬間がしばしばあったということがありました。のちに『ゲンロン0　観光客の哲学』（2017年4月）という書籍に直結する「観光」への関心が、このあたりから芽生えてきたのです。

観光客だからいい取材ができるとは、どういうことでしょうか。チェルノブイリの取材といえば広河隆一さんです。広河さんはいま性暴力の問題で社会的な信用を失っていますが、彼がもっとも熱心にチェルノブイリを取材した日本人ジャーナリストのひとりだったことはたしかです。彼は事故直後にウクライナだけでなく、ロシアにもベラルーシにも行っているし、現地で被災者救援の団体も立ち上げている。取材先も多岐にわたっている。尊敬すべき仕事だと思いますが（誤解のないように繰り返しますが、だからといって彼の性暴力が免責されるわけではありません）、広河さんの文章には「想像と現実がちがうな」という揺らぎがありません。

広河さんが1991年に刊行した『チェルノブイリ報告』（岩波新書）という小さな本があります。広河さんは反原発で放射能の健康被害を強調する立場ですから、全体はそのようなトーンで書かれています。けれども、本自体には広河さんの立場と異なる声も記録されています。

広河さんの本を読むと、事故後5年の時点で、早くも、原発周辺で生活していても健康に問題ない、自然はむしろ回復しているという声が現れていることがわかります。このような声には、ぼく自身も現地で出会いました。放射能は目に見えません。そして目に見えるかぎりではたしかに自然は回復しているし、おじいちゃん、おばあちゃんが元気そうに生活している。健康被害があるかないか、どっちが正しいということではなく、気にしなければそういう生きかたもできてしまうところに原子力災害の厄介さがあるわけです。

けれども、広河さんは、その厄介さのほうには近づいていかない。生活者たちの異論を紹介しても、必ずそのあとに、「とはいえ、じっさいに広がっているのは死の大地だった……」みたいなトーンの暗い文章を挟み込んでくるわけです。広河さんにとってチェルノブイリは「死の大地」であり、そこでは将来何十万人もの子どもたちが死んでいく。その結論は絶対に動かさない。現地のひとが「死の大地じゃない」と言っていて、彼もその声を記録していながら、信念は絶対に揺るがないわけです。

他方でぼくたちはどうだったか。2013年の時点では、ぼくも上田さんもチェルノブイリについてそれほど詳しくありませんでした。上田さんはロシア語の専門家だったけれども、原発事故に強い関心があったわけではありません。津田さんも開沼さんも、福島には詳しかったけれどもチェルノブイリのことはほとんど知らなかった。取材先も上田さんが直接アプローチして決めたので、原発事故に詳しいジャーナリストやNPOに紹介されて行ったわけではありませんでした。

つまり、ぼくたちはみな素人で、まさに「観光客」として、いったいチェルノブイリはどうなっているのだろう、ぐらいの気持ちで現地を訪れたのです。結果的にはそれがとてもいい効果を生みました。

取材の偶然がもたらす発見

というのも、現地では、「あれ、これって事前のイメージとちがうな」と戸惑う経験がたくさんあったからです。『チェルノブイリ』には、その戸惑いが正直に刻まれています。

たとえば、ぼくたちの取材チームを案内してくれたアクティビストのアレクサンドル・シロタさんという方がいます。彼はチェルノブイリ原発近くの街で、いまは完全に廃墟になっているプリピャチに住んでいて、9歳のときに被災しました。その後も後遺症で病院に通っているといいます。日本のテレビでもときどき紹介されているひとです。

ぼくたちはその知識を前提にお会いしたのですが、じっさいのシロタさんはスキンヘッドで体格もよく、きれいな奥さんと娘さんがいて、田舎暮らしをエンジョイしている明るいひとでした。原発事故の被災者だからといって、その後ずっと不幸な人生を歩んでいるわけじゃない。

それでも、ひとはなかなか先入観から離れられない。ひとつ笑い話を紹介しますが、シロタさんは、取材でとにかくお母さんの話ばかりしていたんですね。お母さんは詩人で、事故当時プリピャチの劇場で俳優もやっていた。いろいろ思い出を語り、当時の写真も見せてくれるわけです。ぼくたち取材班は当然、「お母さんは原発事故の後遺症かなにかで亡くなったんだな」と考えていました。

ところが、彼とまるまる2日間を一緒に過ごして、プリピャチの廃墟も案内してもらい、最後にお別れという段になって、「ところでうちのママなんだけど、Facebookやっているからフォローしといて」と言うのです。「えっ、Facebookやってんの!?」とぼくたちは大いに衝撃を受けた。でもよく考えたら、シロタさんはお母さんが亡くなっているなんていちども言わなかった。熱心に取材しているつもりだったけど、肝心なところが抜け落ちていたのです。

この経験で、取材とはむずかしいものだと痛感しました。言葉というのは貧しいもので、いくら根掘り葉掘り聞いたつもりでも、現実のごく一部しか切り取ることができない。残りの広大な空間は想像で埋めているのだけど、先入観はそこに宿っていて、それを切り崩していかないといい取材にはならない。

ではそのきっかけはどこから来るのか。いまの話なら、取材の本筋から離れた雑談からですよね。結論をいえば、そういうノイズの部分が大事なんだと思います。

シロタさんを「原発事故で9歳で故郷を失い、いまも後遺症に苦しみながらチェルノブイリのゾーンで働いているひと」と紹介したとして、ほんとうはなにも伝わらない。ファクトは正しい。でもそれは読者がイメージする「チェルノブイリの悲惨な被災者」

のイメージを強化するだけです。じっさいに会ってみると、シロタさんは生活を楽しんでいて、お母さんの話ばかりしている。そういう情報はふつうの取材では不要だけど、そここそが重要なんじゃないかと思いました。

観光は期待が裏切られる

複雑な現実を複雑な現実として受けとめるためには、取材の目的がはっきりしているだけでは不十分で、そのまわりのいっけん不必要な「複合的な第一印象」みたいなものが重要になってくる。「自然がきれいだな」とか「ウクライナ料理はおいしい」とか「日本とちがって放射能もお土産のネタになっているんだな」とか……。そのような「印象」は、ジャーナリストとして現地に行くよりも、ツーリストとして行くほうが記憶に残るのかもしれない。

取材の目的がはっきりしていると、その目的が印象を排除してしまうことがある。じっさいそれが広河さんに起きたことで、経験を積んだジャーナリストであればあるほどそうなるのかもしれません。ぼくたちはその点では素人に近かった。だから、従来の事

第５回チェルノブイリツアーの模様。2018年６月４日。プリピャチの朽ちた観覧車を見る参加者。撮影＝ゲンロン

故関連本とは異なったアプローチで現地の紹介ができた。

さきほども述べたように、『チェルノブイリ』は、わざとガイドブックのような形式で編集しました。ガイドブックは、「あなたが行きたいところはこういうところですよ」と事前にイメージを与えるために存在しているものです。現地に行かなくても、ガイドブックを読めば行ったかのような気持ちになれるし、必要な情報も手に入る。

でも、だれでも経験すると思いますが、ガイドブックを読んで予想したものって、現地に行くとたいていたいてい裏切られるんですよね。「え、これがあれ?」と。でもそれはべつにガイドブックが嘘を書いていたというわけではなくて、現地を訪問したあとで読み返すと、たしかにそこにちゃんと書いてあったりする。でも現地を知らないで読んだときには、べつのことを想像しているわけです。

たとえば「そこを曲がると小さな道があります」と書いてあるとします。日本人だったら日本の「道」を想像する。観光地に向かうきれいに舗装された道があると。ところが現地に行くとまったくちがい、「これが道?」と思うような経験がままある。「道がある」という単純な事実すら、言葉だけでは現実にたどり着かない。

ソクラテスは「言葉」によって殺された

だから、『チェルノブイリ』をガイドブックとしてつくったことには、ある種のアイロニー（皮肉）が込められています。この本を読めばチェルノブイリについてあるていどわかる、でもほんとうはわかってないはずだからそのことも自覚しておいてね、ということですね。

そういう考えで書籍を出版したので、ツアーも企画するべきだと思ったんです。「本を読んで知識を仕入れたつもりだったけれど、現地には自分が想像したものとまったくちがったものがあった。けれども、それはたしかに書かれていたとおりのものでもあった」という、あの奇妙なムズムズする感覚を、読者にも経験してほしい。そのためにはじっさいにひとを連れていくしかない。前章の言葉でいえば、『チェルノブイリ』という書籍を、「オフラインへの入り口」として使おうとしたわけです。

もう少し付け加えます。ぼくたちの社会では、SNSが普及したこともあり、「言葉だけで決着をつけることができる」と思い込んでいるひとがじつに多くなっています。でもほんとうはそうじゃない。言葉と現実はつねにズレている。報道で想像して悲惨なイメージをもって被災地に行ったり被害者に会ったりしたら、全然ちがう印象を受けた。あるいはその逆だったということはよくあるわけです。そういう経験がなく言葉だけで正しさを決めようとしても意味はない。むしろ大事なのは、言葉と現実のズレに敏感であり続けることです。ぼくのいう「観光」は、そのためのトレーニングです。

言葉から想像したものは経験で裏切られる。けれど経験したあとだとたしかに事前に言われていたとおりだったとわかる。

さらに話を広げれば、この逆説は、人生とはなにかとか、真実とはなにかとかについて、多くのことを教えてくれるように思います。ぼくたちは言葉でコミュニケーションするしかない。言葉で説得し、議論し、後世に伝えるほかないんだけど、同時にそれでは大切なことはなにも伝わらない。その限界をわかっていないと、無駄な「論争」ばかりすることになる。これは現代的な問題であるとともに、哲学の起源にもあった問題です。ソクラテスは、言葉を記録すると真理はかえって伝わらないと考えたので、本を書かなかった。にもかかわらず、そんな彼も、結局は反対派によって言いがかりのような告発を受け、死刑を宣告されました。

そういう点では、チェルノブイリツアーは、小さいながらも、ゲンロンの原点という か哲学の原点に触れている企画でもあります。ゲンロンは、言葉の力を信じている会社だけど、同時に言葉の力をとても疑っている会社でもある。「観光」でその両義性を体験してほしいんです。

おかげさまで、チェルノブイリツアーは、２０１３年以降もほぼ1年に1回のペースで続けることができています。ゲンロンは、5回のツアーで100人以上の日本人をチェルノブイリ原発に連れていった会社でもあります。そういう実践を積み重ねていることが、ぼくには「論争」よりも大事です。

3　福島

開沼博さんとの往復書簡

さきに『福島第一原発観光地化計画』が商業的に失敗したという話をしましたが、そのあとも福島の問題には関わり続けようと思っていました。翌2014年8月には、ゲンロン友の会の会員とともに富岡町といわき市小名浜を訪問したりもしました。

ただ、ゲンロンは被災者を食いものにしているという悪評が広がり、だんだん関わりがむずかしくなっていきました。とくに決定的だったのが、チェルノブイリに一緒に行った開沼博さんからの批判でした。ぼくと彼は2015年に毎日新聞で往復書簡のやりとりを行うのですが、この企画は、開沼さんによる東批判に終始し、対話にならず途中で終了してしまいます。

そこで開沼さんが展開したのは、ぼくの言葉で要約すれば、「福島について語りたいなら移住なりなんなりコミットを示してから言え。そうでないと信用できない」という主張でした。さきほどまでの言葉でいえば、おまえはしょせんは観光客だから黙れという議論です。

開沼さんがそのような発言をするのは、彼自身が福島県出身だからであり、背後に真剣な思いがあったことはわかります。けれど、この論理を突き詰めれば、福島に住んでいたり親戚がいたりするひとでないと、被災地の未来について語れなくなってしまう。

他方でぼくは、原発事故は、ひとつの地域の問題ではなく日本や世界のレベルで考えるべき問題だと考えていたし、だからこそ開沼さんにチェルノブイリへの同行を提案したので、「福島の特権化」には反対でした。その結果往復書簡は中断し、ネットでは、開沼さんは福島の「味方」で東は「敵」というイメージが定着しました。誤解に基づく中傷も多かったのですが、当時は経営危機の真只中ということもあり、それ以上にエネルギーを割くことはできませんでした。

結果的に、ゲンロンはそれ以降、会社全体のプロジェクトとして福島の事故の問題に関わることはなくなり（個人的には福島をいくども訪れていますし、ゲンロンカフェでのイベントも続けています）、『観光地化計画』も相当な部数を処分することになりました。逃げたと批判されることもありますが、ぼくにとっては東京での会社経営のほうが大切でした。誤解を恐れずにいえば、開沼さんが突きつけたのは、おまえは自分の人生を取るのか福島の問題を取るのか、どっちかに決めろという問いかけでした。そういう戦術は「論争」に勝利するにはいいでしょうが、あまり世の中のためになるようには思えません。

いずれにせよ、この事件をきっかけに、なにかにつけ「敵」か「味方」かをはっきり決めたがる人々からは距離を置こうと考えるようになりました。そして、自分は自分のできることを地道にやるという思いを強くしていきました。

「棚をつくるか、つくらないか」問題

チェルノブイリツアーは一貫して好評ですが、運営側としては綱渡りの時期もありました。第2回は、旅行会社をＨＩＳさんに変更して、２０１４年の3月に実施するはずでした。ところが、開催直前にウクライナで政治的騒乱（ユーロマイダン）が起きて、

暴動でひとが死んでいるとか国境に軍が集結しているとかいう話が入ってきた。すでに参加予定者対象のセミナーまで開催していたんですが、上田さんとふたりでHIS本社に出向き、泣く泣く中止を決定しました。

戦争にでもなったらしばらくツアーはできないと肩を落としていたのですが、結果的にはなんとか11月に実現することができました。この回からぼくも講師として参加しています。講師がふたりになったおかげで、プログラムもますます充実しました。キエフの事情もわかってきて、ホテルやレストランの選択もよくなってきました。

ただ、このときもまだ社内はガタガタでした。第2章で見たように、この時期は社員がどんどん減っていて、ぼくと上田さん、徳久くん、Bさんと彼のアシスタントのCさんしかいませんでした。

このときすでに書類の紛失や管理のずさんさが問題になっていました。そこでツアーの直前、ぼくが自家用車を運転して、上田さんとCさんの3人で新横浜のIKEAまで家具を買いに行くことがありました。ぼく自らそれをオフィスに運び込み、日本に残る3人に、「ぼくたちがツアーに行っているあいだに組み立てて、必ず書類を整理しておいてほしい」と指示しておいたんです。彼らもやりますと答えていました。

それから約1週間。不安を抱えたツアーもひとまず成功して、ほっとした気持ちで日本に戻ってきました。ツアーは空港で解散です。ぼくも上田さんも疲れていましたが、ぼくが空港まで車で来ていたので、上田さんを乗せて会社に寄り、機材や購入した資料などを置いてからそれぞれ帰宅しようという話になりました。成田着が20時近い便だったから、途中夕食を食べたりして、ゲンロンに到着したのは23時台だったと思います。オフィスのドアを開けたら、徳久くん、Bさん、Cさんの3人がまだいました。それはいいんですが、玄関近くに、なんとＩＫＥＡの家具のパーツが1週間前のまま放置されていた。

これにはさすがに怒りました。「いい加減にしろ、いますぐ棚を組み立てろ。組み終わるまでおれは絶対に帰らない」と言って、時差ぼけと長時間のフライトでへろへろだったんですが、早朝までかかって棚をすべて組み立てた。上田さんも残って手伝ってくれました。棚はいまもオフィスで使われています。

このように記すと、読者によってはやりすぎだと非難するかもしれません。ぼくもいまならばやりません。けれど、そこで「棚をつくるか、つくらないか」は当時の会社にとって重要な問題でした。棚の組み立ては、社員が書類整理の重要性をしっかり認識しているかどうかの試金石としてありました。暇なときにやればいいというものではない。そのあいだに大事な書類が紛失していきます。だからこそ、ぼくも自分の車でわざわざＩＫＥＡまで買いに行ったのです。深夜だろうとなんだろうと、ここを譲ったら会社は壊れるという危機感がありました。じっさい第2章で述べたように、のちにBさんが辞めたあと、書類管理はぼろぼろだったことがわかります。

会社を立て直すというのはむずかしい。自分も含めて、社全体の空気を変えなければなりません。そういうなか、『思想地図β』の刊行は停止していましたが、ツアーだけは無理して続けていました。いまから振り返ると、「観光客」の思考のポテンシャルにすでに気づいていたのかもしれません。それが結果的に、ゲンロンを経営的にも立て直すことになる『ゲンロン0　観光客の哲学』のヒットへつながっていくわけです。

小松理虔さんの「浜通り通信」

この章を閉じるにあたり最後に付け加えます。ここまで『観光地化計画』は失敗だったと繰り返し語ってきましたが、ぼくの心のなかではその続きと位置づけているものがあります。ひとつがここまで述べてきたチェルノブイリツアーですが、もうひとつが小松理虔《りけん》さんの仕事です。

小松さんはいわき市の小名浜在住で、地域づくりや文化発信に携わっているアクティビストです。『観光地化計画』の取材をしているときに知りあいました。2013年秋のことです。活動がおもしろそうだったので、ゲンロンが発行しているメルマガに執筆を頼んでみることにしました。「浜通り通信」という連載です。

届いた原稿を読んだら、内容が勉強になるだけでなく、文章もうまくて、これはすごい書き手を見つけたと興奮しました。すぐに長期連載にして、最終的には2018年秋に「ゲンロン叢書」の第1弾として、『新復興論』という題名で単行本として出版しました。同書は大きな話題になり、デビュー作だったにもかかわらず、朝日新聞主催の大佛次郎論壇賞（第18回）を受賞しました。小松さんはいまでも小名浜在住ですが、東京のメディアで幅広く活躍しています。

そんな小松さんは、同書をつぎのように紹介しています。

本書は、福島県いわき市で震災と原発事故を経験し、食や地域づくり、福島からの発信に関わるなかで、震災復興の「現実のリアリティ」の壁の高さを痛感してきた私が、そこから逃避するように重ねてきた実践と思考をまとめた本です。「食べる／食べない」「賛成／反対」など、容易に議論が二分化し、当事者性や党派性が持ち込まれ、語ることが年々面倒になる一方、その周縁で圧倒的な風化が進んできた福島。この地で、いかに空間的・時間的な「外部」を取り戻すべきか。そして、絶望と希望、そのどちらからも距離を置いて地域と関わることは可能なのか。実践を通じて見えてきた「〝批評的〟地域づくり」の道を探りました。

「小松理虔『新復興論』特設サイト」
URL＝https://genron.co.jp/books/shinfukkou/

「敵」か「味方」かに分けるのではなく、いかにして多くのひとを巻き込みながら震災と原発事故を伝えていくのか。ぼくは、この問題意識には『観光地化計画』の精神が流れ込んでいると思っています。

小松さんは、中国で日本語学校の教師を務めるなど、国内外のさまざまな仕事を転々としたあとに、地元に帰って働く道を選んだひとです。彼は開沼さんと同郷で、同じ高校の先輩後輩の間柄でもある。ゲンロンで仕事をしていることに対しては、福島の方から批判もあったようです。それでもずっと連載を続けてくれました。

小松さんの本は「観光地化」という言葉を打ち出しているわけではありません。それでも、県外の観光客を相手に被災地をガイドしてみたり、福島第一原発の沖に船を出し釣った魚の放射線量を測ってみたりといった彼の活動を見ると、『観光地化計画』に通じるものを感じます。『新復興論』の大佛論壇賞受賞は、『観光地化計画』に注いだ努力が無駄ではなかったとはじめて世の中に言ってもらえたような気がして、ぼくには自分のことのように嬉しい出来事でした。

これもまた「誤配」です。小松さんは哲学書の読者だったひとではありません。ゲンロンのことなんか、出会うまで知らなかったかもしれません。けれども、いまではぼくの哲学を、ぼくが思いもしなかったようなかたちで受けとめ、ぼくにはできないようなかたちで実践に移してくれている。これこそがゲンロンがやりたかったことです。

本章ではここまで、ツアーという事業が、売り上げとしては小さいながらも、ゲンロンの精神を体現する重要なものであることを示してきました。震災後、ぼくは原発事故の問題に出版によって介入しようとしました。けれどもそれは失敗に終わりました。そのとき、チェルノブイリへのツアーが、同じ介入をべつのかたちで引き継ぎ、ぼくの哲学のつぎのキーワードになる「観光客」を実体化する役割を担ってくれた。ゲンロンはこのようにして、創業期にまいた種を、試行錯誤しながらもなんとか育て、ふたたび成長へ歩み出すことになります。

次章からは、その第二の成長期の話をします。けれども、それもすべてがよかったという話にはなりません。売り上げが回復し、友の会会員数も増加していくなかで、またもや社内のマネジメントが利かなくなっていきました。その新たな危機のなかで、ぼくはついに自分が当初抱いていた夢の幼稚さに気づき、ゲンロンもようやく安定した組織に生まれ変わることになるのです。

第5章　再出発

2017年11月30日。ゲンロンカフェで行われた毎日出版文化賞受賞祝賀会。
左から川上未映子、高橋源一郎、阿部和重の各氏。右端は八谷和彦氏。
撮影＝ゲンロン

1　成長期

ゲンロンを閉じてしまおう

２０１３年に危機に陥ったゲンロンは、２０１５年が終わるあたりでようやく回復傾向に入ることになります。そのあいだは会員向け以外の出版は止まり、かわりに三つの事業が始動しました。２０１３年２月に始まったゲンロンカフェ、同年11月に始まったチェルノブイリツアー、そして２０１５年４月に始まったゲンロンスクールです。いずれもゲンロンの「誤配」「観光客」の精神を体現する新事業でした。

ゲンロンの10年間をもしふたつの時期に分けるとすれば、２０１５年までの第１期と２０１６年からの第２期になると思います。素人経営で迷走続きだった第１期に比べて、第２期はかなりまともな会社になっていきます。それでも、しばらくは社内は安定していたとはいえない状況が続いていました。

2018年まではトラブルが定期的に起こり、それは同年末にぼくが代表を降り、上田さんが新たな代表に就くことではじめて収まります。代表を変更したのは12月21日です。そこからあとを第3期としてもいいかもしれません。

この年の末、ぼくはゲンロンの代表を辞めるだけでなく、ゲンロンそのものを閉じてしまうことすら考えました。

そこまでぼくを追い込んだのは、2013年とは異なり、お金の危機ではなく、ぼく自身の精神的な弱さに起因するトラブルでした。その危機を乗り越える過程で、ぼくは弱い自分に向きあい、ぼく個人が強くなろうとするのではなく、ゲンロンを強くすることのほうが大切なことなのだ、ということを理解しました。ぼくの弱さはどこにあり、ゲンロンが強くなるとはどういうことなのか。振り返ります。

思想誌『ゲンロン』創刊、批評の原点

2014年は、会員向けの会報以外の出版物を出さずに終わりました。全盛期にはぼくのほかに社員6人と多数のバイトがいたオフィスも、前章で述べたように5人しかい

なくなっていました。

これではいけない、と２０１５年は必ず書籍を出すと決意しました。決算をめぐる混乱を乗り切ったあと、編集者を募集し、編集部の再構築に向けて動き始めました。そうして創刊されたのが、いまに続く思想誌『ゲンロン』です。創刊号の『ゲンロン１』は２０１５年12月に刊行されました。そこからゲンロンの第２期が始まったといってよいでしょう。

『思想地図β』から『ゲンロン』への変化には、ぼく自身の反省が表れています。『思想地図β』は、いままでの紹介でもわかると思いますが、毎号とても派手なつくりでした。そして毎号スタイルが変わっていました。つねに新しいことをやろうという思いがあったし、デザインも凝っていました。けれど、そんな紙面づくりは放漫経営に支えられていたし、「おれは有名人なんだから多少の冒険をやっても読者はついてくるだろう」という傲慢とも表裏でした。だから失敗したのです。

出版の再スタートにあたって、同じ失敗を繰り返してはならないと考えました。こんどはたいして売れなくてもいいように、最初から抑えめの予算を割り当てました。『ゲンロン』の想定部数は1万部以下です。そのかわり、とりあえず9号まで、3年間定期的に刊行し続けることを目標としました。

この時期には友の会の会員も離れ始めていました。２０１４年の年末には１７４３人。２０１５年の年末には１７５１人。完全に足踏みをしています。足踏みならばいいじゃないかと思うかもしれませんが、じっさいは新規入会者はつねにいるので、これはそれまで支えてくれていた会員たちが離れていることを意味しています。

『ゲンロン1』（2015年12月）

この状況はまずいので、『ゲンロン』では「原点回帰」を方針に掲げました。ぼくはもともと批評家だったし、ゲンロン（コンテクチュアズ）の出発点も「新しい批評」の提示にありました。『思想地図β』では、いつのまにかその目標が大艦巨砲主義にすりかわって沈没を迎えたわけですが、原点に戻り、古いスタイルの批評誌をまじめにつくれば古い読者も戻ってくると考えました。

原点回帰の方針は、『ゲンロン1』から『ゲンロン4』（2016年11月）まで1年間の編集の柱となった大型企画「現代日本の批評」によく表れています。こちらは、7歳ほど下の文芸批評家・大澤聡さんと一緒に立ち上げたもので、1990年代に浅田彰さんと柄谷行人さんが『批評空間』でやった企画「近代日本の批評」を受け継ぐものとして構想されました。日本の批評の歴史を、批評家が集まり、「共同討議」――これそのものがある世代にとっては懐かしい響きをもった言葉ですが――と年表によって振り返るという試みです。後述するように、こちらは好評で、とくに『ゲンロン4』は2回も増刷がかかったほどでした。

ありえたかもしれない、もうひとつのゲンロン

これから語ることは、本人たちにも打診していないし、いままでどこでも話したことがない、ぼくがひっそりと思い描いていたもうひとつのゲンロンの話です。

『ゲンロン』は2015年12月に創刊され、2018年11月に『ゲンロン9』が出ました。当初の予定どおり、3年間で9号を出して「第1期」――ちょっとややこしいので

すが、雑誌『ゲンロン』の第1期の発行時期は、会社としてのゲンロンの第2期に相当しています――を終えたわけです。じつはぼくは第1期のあいだ、第2期以降の『ゲンロン』を共同編集方針に切り替え、長期的には共同編集者をゲンロンの社員や共同経営者に迎える体制にできたらいいなと思っていました。

具体的に想定していたのは、大澤聡さんと黒瀬陽平さん、そして千葉雅也さんでした。ほかにも思い浮かべていたひとはいますが、中核は彼らで考えていました。大澤さんは、いま述べたように批評家で批評の歴史に詳しいので、ゲンロンのアイデンティティを支えるひとになってくれるかもしれない。黒瀬さんはアートスクールの主任講師として活躍しているから、クリエイティブ部門を担当してくれるだろう。千葉さんはゲンロンと深い関わりはないけれど、ぼくの出発点だった現代思想が専門で、大学のネットワークがあるのでアカデミックなサポートをもらえるだろう。それになにより、この3人はぼくの仕事もバックグラウンドもよく知っている。編集委員会をつくり、月にいちどでも集まれたら楽しいのではないか。

いまのゲンロンを見てもらえればわかるように、この構想は実現していません。というよりも、このような構想を夢見てしまう弱さを自覚したことで、第3期のゲンロンが始まったといえます。

幻の構想が潰える

いま振り返れば、これは構想で終わってよかったと思います。誤解がないよう強調しておきますが、構想が実現しなかったのは、彼らに断られたとか、関係が悪くなったという理由によるものではありません。そもそもこの話は彼らにしていません。大澤さんと千葉さんは関西在住であまり会う機会がなかったし、黒瀬さんはスクールの拡大に忙しかった。そうこうしているうちに後述の混乱が来て、ちゃんと提案するところまでいかなかったのです。

ただ、そもそも提案してもあっさり断られていたかもしれません。大澤さんと千葉さんは大学人ですから、雑誌の編集には関わっても経営にはコミットできなかったでしょう。黒瀬さんはフリーですが、アート以外に関心を向けたかどうかはわかりません。さらに付け加えれば、この構想ではあいかわらず同じような年齢の男性ばかりなので、これで「新生ゲンロン」だと主張したら多様性がないという批判を受けたはずです。さまざまな意味で消えるべき構想でした。

あとでもういちど語りますが、この構想には、さまざまな失敗を経て第2期に入ったにもかかわらず、ぼくが第1期のゲンロンの夢を諦め切れていなかったことが端的に表れています。

ぼくはもともと、ゲンロンという会社を、宇野さんや濱野さんという7歳から10歳ほど若い書き手と一緒にやろうとしていました。「新しい書き手が報われる空間をつくりたい」とか、「似た仕事をやっているひとたちが集まって、語りあう場所をつくりたい」という願いが原点でした。ひらたくいえば、ぼくは「仲間」を集めたかったんですね。そしてその夢は、宇野さんや濱野さんが離れ、『思想地図β』が終わったあとも捨てられず残っていた。だから、『ゲンロン』が成功するとともに、新しいメンバーを集めればこんどこそうまくいくんじゃないか、と思い始めたのです。「仲間を集める」という発想そのものに問題があるとは気づかなかった。

いずれにせよ、そんなことを考えていたので、『ゲンロン』第1期の目次には、この幻のゲンロン構想が反映されています。さきほど述べたように、「現代日本の批評」特集では大澤さんが中心になっていました。黒瀬さんも『ゲンロン3』の美術特集や『ゲンロン8』のゲーム特集で大きな役割を果たしています。千葉さんはあまり登場していないのですが、『ゲンロン7』に掲載した彼とぼくと國分功一郎さんの鼎談は単行本化を見据えていました。カフェやスクールも、当時ぼくがそんな構想をもっていたと知ったうえでイベントや講師陣のラインナップを見てみると、なるほどと思うところがあるはずです。

2 快進撃

『ゲンロン4』のインパクト

経営の話に戻ります。創刊号の『ゲンロン1』は、原点回帰を読者が肯定的に受けとめてくれて、たいへんよい手応えがありました。翌2016年から、経営が安定し、スタッフもまた増えていきます。

読者にとくに評判がよかったのが、さきほども紹介した『ゲンロン4』です。「現代日本の批評」の総決算の号で、浅田彰さんへの4万字インタビューが掲載されています。ぼくは浅田さんが編集した雑誌でデビューしたので、文字どおりの原点回帰で、読者が安心したのかもしれません。ぼく自身も浅田さんとひさしぶりに話せたことは嬉しかったですし、このインタビューを機に、翌2017年にはゲンロンカフェで彼の還暦をお祝いする会まで開くことができました。磯崎新さんや坂本龍一さんが来店しました。

『ゲンロン4』は、売れたといっても刷り部数1万1000部です。『思想地図β』に比べれば少ないのですが、まずはここからだと思いました。ジュンク堂書店や紀伊國屋書店といった大手書店でブックフェアを企画していただき、講談社さんからは「現代日本の批評」特集の書籍化の話をいただきました。当時はゲンロンで単行本をつくる余裕がなかったので、喜んでお任せしました。

「亜インテリ」に支えられている

『ゲンロン』の成功がきっかけになって、第2期は友の会の会員数も増えていきます。少し数字を紹介しておきます。

会員数の推移を示すグラフを用意しました。友の会会期もほんとうは「第1期」「第2期」と呼ぶのですが、ここでは混乱するので「2010－11年期」「2011－12年期」という言いかたをすることにします。

友の会は2015－16年期までは毎年7月に始まっています。2016－17年期は8月に、2017－18年期以降は10月に始まっています。開始月がずれているのは、

ゲンロン友の会会員数
（2010－2020年）

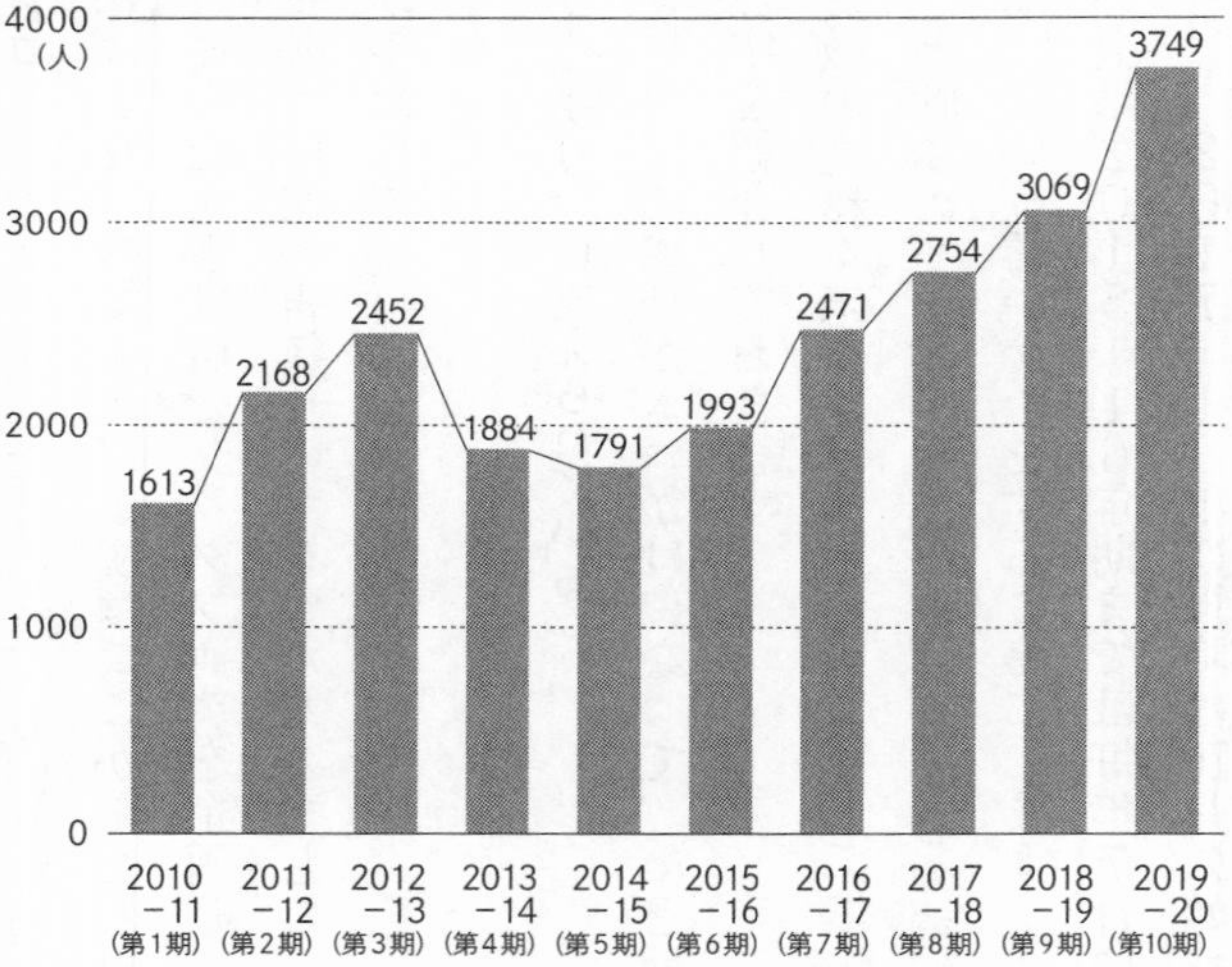

約束の刊行物が会期内に出せず、会期延長を迫られたことが２回あったからです。このグラフでは、各会期の最終会員数のみを示しています。

　グラフを見ると、友の会が２０１０年から１３年にかけて確実に成長していたにもかかわらず、２０１３年でつまずき、会員が離れたことがよくわかると思います。その停滞は２０１５年まで続き、『ゲンロン』が出たあとにようやく増加に転じます。

　友の会は２０１５－１６年期以降、つまりゲンロンが第２期に入ってからは堅実に増えていきます。2016-17年期にふたたび2000人を超え、2018-19年期には3000人を超えました。2019-20年期の会員数は最終的に3700人を超えました。第2期の5年で、会員数がほぼ倍になったわけです。

友の会の会費は年間1万円（税別）ですが、上級コースがあるので、ゲンロンへの平均入金額は会員ひとりあたり1万2000円強になります。1000人増えれば1200万円の増収です。会員数は増えても運営費はあまり変わらないので（郵送費だけは比例して増えていきますが）、会員数の増加はとてもありがたいのです。

これを機会に会員のプロフィールも見ておきます。友の会は入会時に自由記入で性別を聞いています。2020年9月現在で男性が88%、女性が12%です。記載がない方が3割ほどいます。カフェ来場者やスクール参加者は女性が増えてきたのですが、友の会はまだまだ男性中心です。

年齢は10代から70代まで幅広く分布していますが、平均年齢は38歳で、ぼくよりもひとまわり下が中心になっています。住所は東京都が43%、東京を含めた関東が61%で、会員の方が住んでいるのは首都圏に偏っています。ゲンロンカフェが東京にあるので、

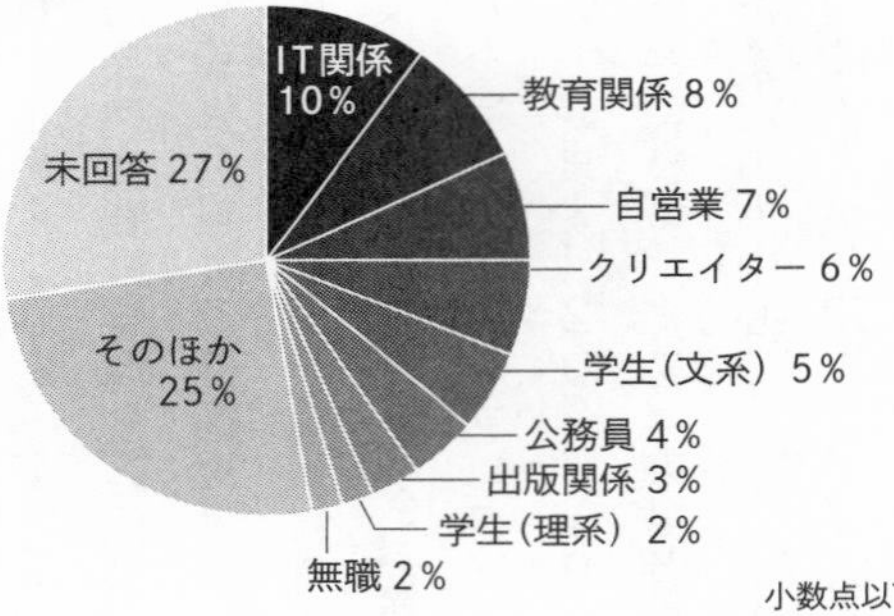

これはやむをえないのかもしれません。

職業別のグラフも示します。こちらも2020年9月のデータです。IT関係がいちばん多いことに驚かれるかもしれません。文系学生よりも比率が高く、そこに教育関係者や自営業者が続きます。ゲンロンの支持者は、文系の出版や大学関係者ばかりというわけではなく、IT系の起業家やエンジニア、自営業のひとたちがかなり多いのです。

Twitter の反応を見ても、これは実感にあっています。丸山眞男は終戦直後に、大学教授やマスコミ人のような「インテリ」と小中学校教員や公務員、地方の名士のような「亜インテリ」を分けたことがあります。いまとなっては問題含みの分類ですが、あえて援用するとすれば、その分類ではゲンロンは

友の会に期待するもの
（2016年12月）

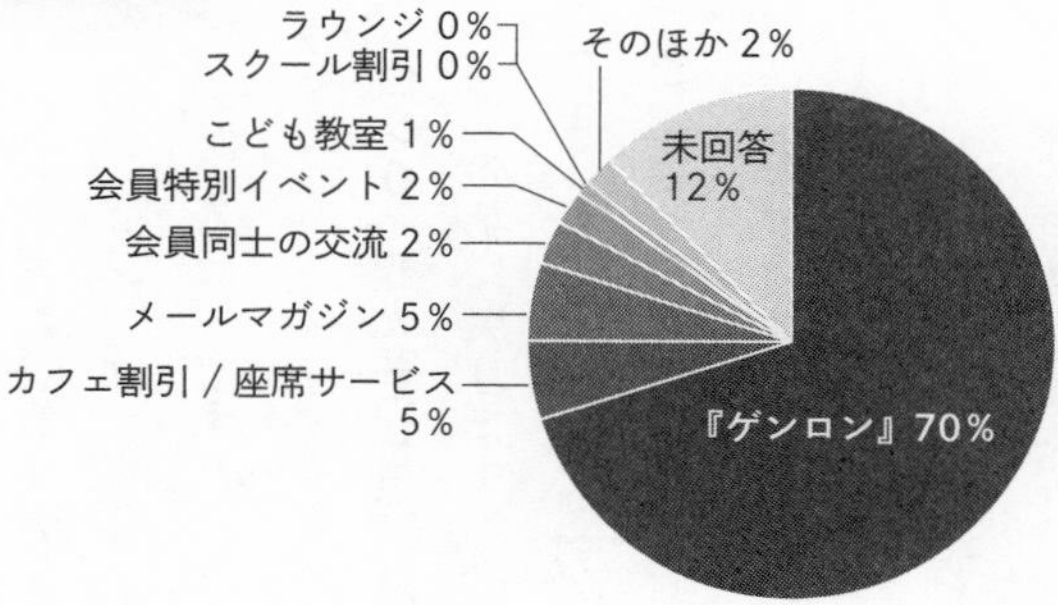

同

かなり「亜インテリ」にリーチしている会社です。そこには、まえに述べたような赤坂の内装業者だったぼくの祖父からの影響、それにぼくの政治的な中道性が関係しているのかもしれません。

さきほど話したように、この友の会が再起動するきっかけになったのが『ゲンロン』でした。最後に、会員のみなさんに「ゲンロンに期待するもの」を尋ねた２０１６年末のアンケートの結果を示します。

これを見ると、当時圧倒的に多くの会員が『ゲンロン』に期待してくれていたことがわかります。とはいえ、『ゲンロン』は「原点回帰」がテーマだったので、いま振り返ると文系の「インテリ」狙いの企画が多くなっていました。だからこそ書店で歓迎されたわけですが、他方で「亜インテリ」の会員に届くような広がりが欠けていたようにも思います。その矛盾はぼくのなかでずっと燻《くすぶ》り続けて、それもまた2018年末の危機の伏線になっていきます。いま発行している第2期の『ゲンロン』は、2019年秋にリニューアルしたもので、当時よりも多様な目次になっているはずです。

『ゲンロン0　観光客の哲学』の快挙

また経営の話に戻ります。2015年、2016年と徐々に上向いてきた経営状況は、2017年4月に刊行した『ゲンロン0　観光客の哲学』のヒットで決定的になりました。ここでようやく、毎月の資金繰りを気にせず、落ち着いて長期的な目標を立てられるようになったわけです。

『ゲンロン0　観光客の哲学』とは変なタイトルですが、その理由は同書「はじめに」に記されています。

本書あるいは本誌は、弊社ゲンロンが二〇一五年一二月に創刊した批評誌『ゲンロン』の時期遅れの創刊準備号（０号）であり、同じくゲンロンが二〇一一年一月に創刊したムック『思想地図β』の三年半の空白を挟んでの終刊号（５号）であり、またぼく東浩紀が二〇一六年から一七年にかけての冬に書き下ろした哲学書でもある。本書を雑誌と捉えるか単行本と捉えるかは、流通上の形式の問題であり、あまり本質的なことではない。とにもかくにも、ぼくは、この書物の最初から最後まで、広告や編集後記を除きすべての文章を自分自身で書き起こした。

これはなにを言っているのかというと、『観光客の哲学』はじつは、友の会会員からすでにお金をもらって、にもかかわらず『福島第一原発観光地化計画』の失敗のせいで発行できなかった『思想地図β』第5号のかわりに書かれたものだということです。『思想地図β』第5号、イコール『ゲンロン』創刊準備号、イコールぼくの新著というアクロバットになっているのですね。

友の会はもともとゲンロンの商業出版物が送られてくるパッケージです。だから当然、毎年、今年はこういう本が送られますよという約束をしている。けれども２０１４年か

『ゲンロン０　観光客の哲学』
(2017年４月)

ら１５年にかけては一冊も本をつくれませんでした。当然そのぶんが負債として残っているわけです。かといっていまさら『ゲンロン』と並行して別雑誌を編集し、送付することは体力的にできない。しかたがないのでぼくが一冊書き下ろすしかない、という話になってつくった本でした。

『観光客の哲学』は大成功を収めました。毎日出版文化賞とブクログ大賞をいただき、新聞や文芸誌、それ以外の雑誌など多くのメディアで書評が掲載されました。Amazonの「現代思想部門」では、３月27日から７月31日までじつに１２７日間にわたって連続で１位を記録しました。部数も３万部を超えました。

ぼくはアカデミズムを離れてひさしく、論壇からも消えていました。とくに２０１４年以降はゲンロンの立て直しで忙しく、メディアへの露出は減っていたので、若いメディア人からは「過去のひと」扱いされていました。そうしたなかで成功を収めたので嬉しさも格別でした。橋爪大三郎さんは、毎日新聞の書評欄で「著者は、思想が育たぬこのポストモダンの時代に、真摯に前向きに哲学者としての責任を果たそうとする。あくまでも倫理的なその姿勢は、涙が出るほどだ。欧米の思想家も誰ひとり試みていない、果敢な挑戦がここにある」とまで書いてくれました。

毎日出版文化賞の選評では、選考委員の鷲田清一さんが、本の内容に加えて、ゲンロンの活動そのものを高く評価しているのも授賞理由のひとつだと話してくれました。これも嬉しい言葉でした。

『観光客の哲学』はあくまでも哲学書です。けれどもその内容は、本書でここまで述べてきた「観客」や「コミュニティ」や「観光客」の概念を哲学の言葉で展開するものになっていて、観光地化計画の失敗や、ゲンロンカフェ、スクール、チェルノブイリツアーなどの経験がなければ書けないものでした。それがようやく評価されたのだと感無量でした。

「独立」のインスティテュート

香港に、ぼくよりもひとまわり若い哲学者のユク・ホイという友人がいます。彼が英語でゲンロンを紹介するとき、「independent institute」と書いてくれたことがありました。そのとき、ああ、インスティテュートはじつにいい言葉だなと思ったんです。いままでぼくは英語でゲンロンを説明するときはカンパニーという言葉を使っていました。small publishing company ですよと。

たしかにゲンロンは出版社として出発したし、いまも出版を続けています。けれどもそれだけではない。カフェ、スクール、ツアー。そのすべてが一体となってゲンロンの精神をつくりあげている。だから「出版社」というのは、自分で言っていて違和感がありました。かといって「イベント企画業」でも「教育機関」でもないですよね。

ユク・ホイの「独立インスティテュート」は、そんな多義性をうまく捉えている言葉だと思いました。いい日本語にならないんですが、インスティテュートは辞書的には「研究所」「学会」「専門学校」などを意味する言葉です。でも、もう少し広く制度一般を指す言葉でもあって、自分たちで独自にシステムをつくって、独自にひとが集まって考える場所をつくっているゲンロンを指す言葉としては、ぴったりくる感じがします。

反原発運動の旗手として知られる高木仁三郎に『市民の科学』という著作があります。彼が設立した「原子力資料情報室」への想いが書いてあるのですが、文系と理系のちがいはあれ、志に通じるものを感じました。「原子力資料情報室」はＮＰＯで、ゲンロンは株式会社ですからそこもちがいますが、高木氏が、研究や調査の独立性を保つためには個人の賛助金がもっとも大事なんだと訴えているところは、とくに共感しました。ゲンロンも、文系のオルタナティブな研究所を、公的資金や大企業の力を借りず、個人の力で成立させるプロジェクトだということができます。

最近は、アートや演劇の分野で、体制批判の作品や作家に公的支援を与えるべきかどうかが議論されることが多くなりました。ぼくはむろん、体制批判の作品や作家にも公的支援を与えるべきだと考えます。けれども、ぼく自身は、体制批判のために公的支援を求めたいとは思いません。またゲンロンがそのような支援を受けるべきだとも考えません。

ぼくはむしろ、本書の冒頭でも述べたように「オルタナティブであること」に関心があります。権力か反権力か、「友」か「敵」かの分割から離れて、自由にひとが集まったり考えたりする「独立オルタナティブ・インスティテュート」。それがゲンロンの理想なのです。

成功の一寸先は闇

『観光客の哲学』の成功で、ゲンロンはその理想に近づいたようにみえました。ついにゲンロンから「研究成果」が出たといえるからです。

けれどもその裏には大きな歪みがありました。そもそもこの本は、さきほども述べたとおり、ゲンロンが会社として約束した雑誌の刊行を、ゲンロンには実現する体力がないのでぼくひとりで書き上げるという判断で生まれたものでした。当時はそれでいいと思っていたのです。

経営的には、それはたしかに効率がいい。ぼくはゲンロンの取締役ですから、ゲンロンはぼくに固定の役員報酬以外を払うことができません。つまり『観光客の哲学』の出版については、ゲンロンは印税を払う必要がありません。企画も執筆もぼくがやるので、社員の人件費もほとんどかかりません。ぼくが長いあいだ温めていたアイデアを書くだけなので、取材費もかかりません。かかるのは社外校閲費とＤＴＰと印刷費ぐらいです。それなのに、定価２３００円（税別）の本が刷り部数３万のうち２万部売れれば、流通の取り分を抜いても３０００万円ほどがゲンロンに入ってくる計算になります。連動して既刊も売れます。

経営者として、最初はこれは大成功だと思っていました。２０１６年までは社内がガタガタで社員に迷惑をかけたので、増収を原資に環境改善を進めました。まず6月に上田さんを取締役にし、全体的に給与も上げました。社員も募集しました。この時期は入退社が慌ただしく簡単な数字を示せないのですが、社の規模はあっというまに第1期よりも大きくなりました。当時のオフィスはいつもひとがいて活気に溢れていました。

けれども、他方で割り切れない思いも感じ始めました。社員は『観光客の哲学』の成功に浮かれていましたが、この本については社はほとんどなにもしていない。営業会議でも、どこに営業をかけろとか、だれだれに本を送れとかの指示をするのはすべてぼくでした。本の売れ筋にいちばん詳しいのは著者自身なのだからしかたがないんですが、それにしても、自分で本を書いて自分で出版するだけでなく、営業戦略まで自分で考えるのかと、だんだん疲れていきました。

2017年5月には、300万円ほどをかけてゲンロンカフェに放送ブースを新設し、照明機材を新しくしました。配信の質はよくなり、放送の売り上げも伸びましたが、スタッフがブースを個室のように使って快適に仕事をしているのを見て、複雑な気持ちになりました。

2020年のいまは、ゲンロンにはふたつのオフィスがあり、ぼくと代表は新しいオフィスで独立のブースをもっています。けれども、当時は古いオフィスに10人近いスタッフがぎゅうぎゅう詰めになっていて、オフィスで原稿を書くなど考えられない状況でした。だから、『観光客の哲学』の原稿は、そもそもオフィスで書いてすらいません。書いたのは自宅と2週間ほど缶詰になったホテルでした。缶詰先まで資料でいっぱいの重いトランクを引きずって行って、マックブックに身を屈めて書いて、ゲンロンはそれを受け取るだけ。それなのに、その原稿で儲けた金でなぜ社員が先に個室をもらえるんだと、自分で決定しながらも不満が蓄積していったわけです。

ただ、そのときは不満の存在を自覚していません。むしろ積極的に気づかないようにしていました。けれどもそれがよくなかった。その抑圧が、最終的に翌年末の解散危機につながっていくことになります。

3 解散の危機

若いエンジニアが登場、失敗の再来

２０１７年から１８年にかけては、『観光客の哲学』がヒット、カフェやスクールも好調で、世間からはゲンロンは順調に見えていたと思います。ぼく自身もそう思っていました。けれども、裏ではふたたび崩壊の兆しが現れていた。

残念なことに、そこには第１期と変わらない失敗もありました。人間はいくら反省しても同じ失敗を繰り返してしまう。だから警戒を緩めてはならない。それを伝えるのも、本書の目的のひとつです。

まず、経営状況がよくなったということで、ぼくはまたもや夢想的な巨大計画を考えるようになりました。３０００万円の増収なんて、人件費など固定費が上がれば一瞬で溶ける金額です。けれど当時のぼくは地味な現実から目を逸らし、いろいろできると夢

を膨らませてしまった。まえと同じですね。

というわけで動かし始めたのが、動画配信プラットフォームの開発でした。じつはこれはむかしからの夢でした。ゲンロンカフェの収益が配信で支えられていることはまえいったとおりですが、配信はニコニコ生放送で行われているので、ドワンゴさんには手数料を支払うかたちになります。その手数料がばかにできない金額になっていた。そこを圧縮したいという思いがありました。

お金の問題だけでなく、ほんとうに「独立」のインスティテュートになるのであれば、配信も独立させなければという考えもありました。ドワンゴ創業者でかつて代表だった川上量生さんはとても魅力的な方なのですが、そのぶんワンマンでネットで極端な政治的意見を発表することもめずらしくありませんでした。そのような「炎上」を見るたびに、状況が変わってゲンロンのチャンネルが閉じられたらまずいな、と不安を感じていました。

いまは体制が変わったので、不安はありません。けれども当時は現実的に感じていました。そういう不安をなくすためにも、自前のプラットフォームがあるといいと考え始めたのです。YouTubeでやればいいと思うかもしれませんが、YouTubeでは生放送の番組を売ることができません。ゲンロンカフェはニコ生の販売方法に合わせて番組を組み立ててきたので、YouTubeのような投げ銭モデルを採用すると、番組の性格が変わってしまいます。

そんなときに若いエンジニアのDさんが現れました。彼は『思想地図β』時代からの読者ですが、最初は高校生だったのでまだ20代前半でした。ぼくの誕生日は5月9日なのですが、『観光客の哲学』が出版されたせいか、その年はめずらしく古い友人が集まって飲み会を開いてくれたんですね。そこにふらりと現れたんです。

Dさんはしばらく会わないあいだにエンジニアになっていて、大手IT企業で活躍しているという話でした。そこで動画配信プラットフォームを開発したいという話をすると、個人で請け負います、というんです。半信半疑でしたが、お願いしてみることにしました。名目上の業務委託料で、毎月数日だけうちに来る契約になりました。

けれども、それがうまくいきませんでした。成果物がないままに、契約額が引き上げられていきました。専属アシスタントを雇ってほしいとかべつのシェアオフィスに入居したいなどの要求も出てきました。

成果が見えないまま半年以上の時間が過ぎ、このままでは開発は中止すると通告したのですが、そうすると、東が開発チームに入ってくれないと動きようがないとのことで、ぼくも毎週会議に参加することになりました。けれどもそれでも開発は進まず、逆に計画が大きくなるばかりでした。最終的に、このサービスは絶対あたるので実現したら全体の経営にも参加したいといった要望がくるようになり、そこで打ち切りになりました。それまでの成果物はすべてパーです。

Ｄさんはエンジニアとして優秀だったようで、ゲンロンとの関係が切れたあと自分で起業し成功しています。ただ、ゲンロンのことはよくわかっていなかった。そのようなひとを引き込んだのはぼくの責任です。

契約解除は２０１８年６月なので、かなりの時間を無駄にしたことになります。２０１３年の失敗を繰り返しています。

ただし、最終章で語りますが、このプラットフォーム計画はその後体制が二転三転しながら継続し、２０２０年10月についにオープンするところまで漕ぎつけます。もし成功すれば、これもまた「誤配」の一例ということになるのかもしれません。

右腕になりたい

もうひとつ、同時期にこんなこともありました。直接にはこの事件が代表交替の原因となります。

ゲンロンで総務を担当していたのは、2012年から13年夏まではAさん、Aさんが退社したあとはBさんでした。そのBさんも2015年のはじめに退社してしまい、たいへんだったのは第2章で話したとおりです。

Bさんがいなくなったあとの総務は、ぼくと上田さん、徳久くんの3人で手分けして担当していました。けれど、領収書を整理し打ち込むようなアシスタントは必要で、べつに雇うことにしました。そのようにしてアルバイトで雇い始めたのがEさんです。Eさんは当初はほかの勤務先と掛けもちで、うちには週に2日来るだけでした。

ところがこのEさんが、出社日を増やし、経理以外の総務や人事も担当するようになっていきました。ぼくたち3人も、自分の仕事が楽になりますから、最初は歓迎していました。２０１７年には、ぼくたちのほうから提案するかたちでフルタイムの契約社員になってもらい、その後はアルバイトはむしろ彼が面接し、採用を決定するようになりました。Ｅさんは社内改革にも熱心で、Slack や Trello などのツールを導入し、毎日遅くまで働いていました。

ところが２０１８年になると、人件費が膨れ上がって社全体の身動きがとれなくなってきました。アルバイト管理を担当するＥさんにシフトを抑制するよう指示を出したのですが、これが一向に実施されません。むしろ新しいひとを雇いたいと言い出す始末で、そこらへんから様子がおかしいと思うようになりました。同時に、毎月の経費報告が滞るようになり、経理はどうなっているのかと尋ねたところ、ふたたび経理作業が長いあいだ放置されていたことが明らかになりました。９月か10月のことです。またか、と思いますよね。ぼくもそう思いました。ぼくの管理ミスです。

同じ失敗を繰り返していることにうんざりしながらも、とにかくＥさんには経理をやってもらわねばならないので、彼に総務の仕事をやめてもらい、経理に集中してもらうことにしました。ところがこれが彼のプライドを刺激したようで、「わたしはもう経理をやる立場にいない。東さんの右腕になってゲンロンを支えたい」といった訴えがきた。調整を図ったのですが、結局折りあうことができず、彼は10月末に退社を申し出てきました。

分派活動が起きる

それだけならよかったのですが、事態はEさんの退社にとどまりませんでした。悪いことは重なるもので、このとき編集部は、「ひらめき☆マンガ教室」の講義録である『マンガ家になる！』（２０１８年11月）というムック本をつくっていました。これがまた、デザインを異常に凝りすぎて――ここでも同じ失敗を繰り返しています――、経費が嵩《かさ》み、残業時間も増えて社内では不満が高まっていました。社全体としても資金繰りが急速に悪化し、数年ぶりの融資を申請することになりました。

そういうなかで、総務や人事、経理を一手に担っていたEさんがいなくなるということは、会社全体に大きな動揺を与えました。ぼくに対して、Eさんが退社したらゲンロンは潰れると深刻な顔で訴えた社員もいました。ぼくにしてみれば、ゲンロンはぼくが稼いでいるからこそ成立しているという気持ちだったのですが、社員やアルバイトからしたら、いつもオフィスにいて相談に乗ってくれるEさんこそ「大黒柱」に見えていたのです。

経営と総務というのは、似ているようでまったくちがうものです。経営はお金を稼がなければならない。総務はお金を使っているだけです。でも、従業員には総務こそが経営しているように見えてしまうんですよね。ぼくはそこではじめて事態の深刻さに気がつきました。

２０１８年の11月から12月にかけて、Eさん退社の余波で、毎週のように社員とアルバイトから退社を申し出られる日々が続きました。ぼくは代表として全員と面談をしなければなりませんから、みなそんなにゲンロンが嫌だったのかと、精神が急速に削られていきました。ある若い社員から、捨て台詞のように「ゲンロンで働いて楽しかったことはないですね」と言われたときには、たいへんな屈辱感を覚えました。横で一緒に面接をした上田さんは、ショックを受けてぼろぼろ涙を流していました。彼女はその社員を評価して応援していました。ぼくは巻き込んでしまった彼女にほんとうに申し訳がなく、後悔で押し潰されそうでした。

そういうなかで、だんだんとぼく自身ゲンロンにうんざりしていきました。その2ヵ月のあいだ、いろいろなひとにゲンロンに押し潰されるという話を聞かされたのですが、さきにも述べたように、ぼく自身もまた、『観光客の哲学』の出版以降、ゲンロンに搾取されているという不満を抱いていました。

ゲンロンはぼく自身が経営しているのだから、ぼくがぼくに「搾取」されているというのは変な話です。けれども、感情としてはそうとしか表現できない不満を感じていました。それはずっと抑圧していたのですが、その思いが急速に表面に上ってきたのです。ぼくはキャリアも捨て、名声も捨て、収入も捨て、この8年間、ずっとゲンロンに尽くしてきた。でもだれも評価しない。それどころか社員に恨まれている。もうこれ以上こんなものに関わりたくない、という気持ちに傾斜していきました。

それでもなんとか仕事を続けていたのですが、12月の第3週に、Eさんが合意していた退社日と関係なく、引継ぎもなく、出社を拒否してそのまま消えてしまいました。残されたのは、整理されずに箱に詰め込まれた領収書と、クリアフォルダに突っ込んだ状態で机のうえに積み上げられた契約書や請求書、そして有用なデータが残っていない会社支給のPCだけでした。ぼくは新しいオフィス（さきほど述べた代表用の別オフィスで、2018年3月に完成していました）の会議室にそれらを運び込み、徳久くんとふたりで、また2015年春のような地味な書類整理の仕事を始めました。今度はテプラがあったので、ラベルづくりは少し楽でした。

そして、翌週17日の月曜日の深夜、ぼくはついに耐えられなくなりました。ゲンロンを解散することにしました。ゲンロンなんてどうにでもなれという気持ちで早朝にツイートし、それから寝ました。起きて出社して、上田さんと徳久くんのふたりに会い、こんなことが繰り返されていてはぼくの人生はゲンロンに潰されてしまう、ゲンロンはだれも幸せにしない、きみたちにも悪いことをした、ぼくはもう辞めるからきみたちも自由にしてほしいと伝えました。ぼくは本気でした。

精神がむしばまれ、心が折れる

いま思えば、2018年の10月から12月にかけて、ぼくは精神の均衡を徐々に崩していっていたように思います。

きっかけのひとつは、10月に行われた社員飲み会だったかもしれません。参加者は社員が中心で若いアルバイトも多いということで、ぼくと上田さんは取締役だし、ともに40歳代なので参加を遠慮していました。けれども二次会はゲンロンカフェでやるというので、顔を出すことになりました。そうしたらものすごい数のひとがいるわけです。30人は超えていた。知らないひとばかりで、中心にEさんがいる。うち、こんなにバイトがいるの？　と恐怖感を覚えました。

しかも、若いひとたちばかりなので無礼講になっていて、「東さ〜ん、乾杯〜！」と盛り上がっている。馴れ馴れしく絡んでくるまではいいのだけれど、そのうちぼくの物真似をする女性が現れて、それをみなでゲラゲラ笑って見ているわけです。被害妄想といわれるかもしれないけど、虐《いじ》めのように感じました。ぼくは途中で帰りました。

そのようなわけで、ぼくは12月17日の深夜にゲンロンを畳むことを決意しました。

直接の引き金は、その夜一緒に飲んでいたあるひとの言葉でした。ぼくがここまで話してきた悩みを打ち明けたところ、彼は「東さんはいままで頑張ってきたし、そこまで辛いんだったらやめてもいいんじゃないか」とすぐに返してきました。その言葉を聞いて、ぼくは「心が折れた」んですね。

彼が悪いわけではありません。「頑張る必要はない」と言ったのは優しさからでしょうし、最近はそういうときは頑張れと言わないのが常識です。でも現実にはその言葉こそがきっかけになった。「そうだよな、みなゲンロンなんてなくなっていいと思っているよな」と、思考が急速にネガティブな方向に傾いていきました。そして帰宅後、ツイートすることになるわけです。

ツイートは大きな反響を呼びました。18日、19日と、多くの友人から多くのメッセージが届きました。ほとんど返事は返すことができませんでしたが、ぼくは自宅で読み続けました。そして意外なことに気がつきました。ぼくは、「よく頑張った、これからの活動に期待している」といったメッセージが多く来ると思っていました。ところがそうではなかった。「ゲンロンを続けてほしい」「ゲンロンはなくなるべきではないので、なにか手伝いたい」という声のほうがはるかに多かった。こういう声がそれまで聞こえていなかった。社内では敵ばかりでも、社外には味方がいたのです。

否、社内も敵ばかりではありませんでした。もっとも意外なのは社内の反応だったかもしれません。ぼくは社員がもっと受け身だと思っていました。

18日の午後に、まず上田さんに会い、つぎに徳久くんに会い、それからほかの社員たちに会いました。ぼくはそれまでの2ヵ月で、ゲンロンの迷走には社員全員がうんざりしているだろうと予想していた。だからぼくが「やめよう」と言えば、「しかたないですね」と同調するひとが多いと思っていたんです。ところがそうならなかった。

とくに驚いたのは徳久くんです。本書冒頭で述べたとおり、彼はぼくの早稲田時代の教え子でゲンロンには新卒で入って以来ずっといる。もっとも古い社員なんですが、同時にとてもクールなひとで、あまりプライベートな感情を明かさない。しかも彼はクイズの世界では日本トップクラスのひとで、当時テレビに出演しタレントとして有名になり始めていました（2020年のいまはぼくよりも有名かもしれません）。そんなキャリアをもっているので、これを機会にクイズに専念すると答えると考えていました。ところが、「困ります。一緒にやりましょう。やめるなんてダメですよ」と、それまでにない強い口調で言ってくれた。でもきみにはクイズがあるじゃないか、経理や雑務のために犠牲にしたくないでしょうと言ったら、それでもやりますと即答してくれた。感動しました。

そしてそのような声を受けて、上田さんが「そんなに辛いのなら東さんは代表を降りていい。私が社長をやるから」と言ってくれた。最初は、ぼく以外でゲンロンが回るわけないと抵抗していました。けれども20日に会って説得されました。

翌12月21日付でぼくは辞任届を出し、代表取締役の職を上田さんに譲りました。それから1年半以上が経ちましたが、いまもゲンロンの代表は彼女のままです。

新生するゲンロン

2018年の年末に、ぼくはこのようにして経営から離れました。だから、ここからさきの「ゲンロン戦記」は、ほんとうは上田さんに語ってもらわないといけません。

それでも短く話しておけば、結果的にはこの代表変更が大成功——というか、まさに不健康に肥大した当時のゲンロンにとって必要な決断でした。代表変更のあとも、ぼくは変わらずにゲンロンの取締役であり続けましたし、原稿を書いたりイベントに出たりはしていました。けれども、２０１９年の夏あたりまではほんとうに経営から離れていて（いまはふたたび関わっています）、社内会議にも出ていませんでした。

そのあいだに、上田さんと徳久くんが主導してさまざまな改革が行われました。アルバイトが大幅に整理され、経費が見直され、経理や人事を特定の社員に任せずに複数の社員で分担する仕組みが整えられました。

退社した社員やアルバイトは男性ばかりだったので、結果的にスタッフの男女比率も劇的に改善され、一時は１：１に近くなりました（２０２０年10月現在はまた男性が多くなり始めていますが）。社員は少なくなりましたが、圧倒的に会社の雰囲気はよくなりました。出版もカフェもスクールも、多少の混乱はありましたが、当初の事業計画をあまり変えずに進めることができました。『ゲンロン』のリニューアル（『ゲンロン10』の出版）もうまくいきました。そして蓋を開けてみれば、２０２０年3月期の決算は株式会社ゲンロン、合同会社ゲンロンカフェの2社ともに、前期よりも大幅に収支が改善されることになりました。売り上げがほぼ同じだったにもかかわらず、人件費を含む販売管理費が圧縮されたために利益が拡大したのです。

その決算書を見て、ぼくは苦笑せざるをえませんでした。ぼくはゲンロンをつくった。いろいろなひとが離れたけど自分だけが続けてきた。だから自分しかゲンロンの代表はできないと思っていた。

でもそれはまったくのまちがいだったのです。２０２０年のいま、ゲンロンは、ぼくが責任者でないほうがうまくいく会社になっています。そして、後述のように、ぼくは、それこそがゲンロンのあるべきすがただったのだと感じているのです。

『ゲンロン10』（2019年９月）

無意識の欲望

２０１７年から１８年にかけての失敗を振り返ると、つぎのように言えると思います。

本章冒頭で言いましたが、ゲンロンはそもそも「仲間を集めたい」という動機で始めた組織でした。「仲間」の具体的な顔ぶれは変わっていったけれど、夢そのものは２０１０年から１８年まで、経営危機を経ても変わらなかった。

だからぼくはずっと、ゲンロンを強くするためには「ぼくみたいなやつ」を集めなければならないと考えていた。上田さんや徳久くんは大切な理解者だけれど、けっして「ぼくみたいなやつ」ではない。だから彼らとはべつに「ぼくみたいなやつ」を入れようとして、大澤さんや黒瀬さんによる集団指導体制を考えるようになっていた。むろん、当時のぼくはこのように明確に言語化できてはいません。けれども、無意識の欲望はそのようなものだったと思います。

でも、その欲望自体が最大の弱点だったのです。じっさい２０１８年には、まさにそこをついて、ＤさんやＥさんのような右腕願望のある男性スタッフがまわりに集ってくるようになっていた。彼らは仲間にはなりたい。でも仲間になりたいだけだから、ゲンロンを支えてくれるとは限らない。むしろかき回し壊してしまう。ぼくにはそのちがいが見抜けなかった。だから同じ失敗を繰り返していた。

そしてそれはまた、自分でいうのも情けない話ですが、自信の欠如や現実逃避と関係していたように思います。ぼくは若くしてあるていど成功しました。周囲からは自信に溢れているように見えたかもしれません。けれども、たぶんあるときから、そんな「偉い自分」を引き受けるのが怖くなってしまっていた。それはほんとうの自分ではないと感じるようになっていた（前述の出自の問題と関係しています）。そこで「ほんとうの自分」にきちんと向き合えばよかったのに、ぼくは下の世代を仲間に引きずり込むことで逃げようとした。自分よりも立場の弱い、けれども「ぼくみたいなやつ」を仲間にすれば、失敗しても責任を回避できるからです。

だから、ぼくが求めていたのは、ほんとうは仲間ですらなかったのでしょう。人々が去っていったのは、その欺瞞を敏感に察知したからだと思います。

「ぼくみたいじゃないやつ」とやっていく意味

ゲンロンを創業したのは38歳のときです。当時のぼくには以上のような無意識の弱さがあった。

その弱さは、本書でここまで話してきたように、震災や経営危機そのほかの経験で繰り返し修正を迫られてきました。じっさい、表面的には、さまざまな実務にもきちんと向きあうようになり、成長しているように見えた。

にもかかわらず、ぼくの本質的な問題はなにも変わっていなかった。責任を回避するために「ぼくみたいなやつ」を求め、仲間で集まろうとする部分は変わらないままに2018年を迎えた。そして、どこにも「ぼくみたいなやつ」がいないことに苛立って自己崩壊してしまった。

それゆえ、あの12月に上田さんが「私が代表をやる」と言ってくれたこと、そしてそのあとじっさいに経営し、ゲンロンの事業を成功させていることは、ぼくに決定的な転機を与えてくれました。

ゲンロンはたしかにぼくがつくった。でもぼくのためのものではない。「ぼくみたいなやつ」のためのものでもない。ゲンロンは2018年の時点で、「ぼくみたいなやつ」が集まる内輪向けの空間よりはるかに大きくなっていた。それなのにぼく自身がその変化を受けとめることができていなかった。上田さんは「ぼくみたいじゃないやつ」の代表として、徳久くんとともにその事実に気づかせてくれた。

だから、いまとなっては、あのとき自分ひとりでゲンロンを畳むと決めることができると思ったこと（株主としては可能でしたが）、それ自体がじつに傲慢だったと反省しています。みなさんに迷惑をおかけしました。

いまのぼくは、以前に比べてはるかに「孤独」です。もはや「ぼくみたいなやつ」を探していないからです。それは、２０１９年以降の新たな『ゲンロン』の目次にも表れています。『ゲンロン10』以降の第2期は、第1期のような特集主義をとっていません。特定のトピックに焦点をあてて、無理に「最先端」のシーンを演出するようなことをしていません。ぼくがその場その場で関心をもった方々、関心をもった主題を集めている。それでいいと思うようになりました。

言い換えれば、ぼくは自分の関心が自分だけのものであること、自分が孤独であることを受け入れたわけです。「ぼくみたいなやつ」はどこにもいない。ぼくと同じように、同じ関わりかたでゲンロンをやってくれるひとはいない。けれども、だからこそゲンロンは続けることができる。これからのゲンロンは「ぼくみたいじゃないやつ」が支えていく。ぼくはそのなかでひとりで哲学を続ければいい。ひとりでいい。ひとりだからこそできる。

上田さん、徳久くんは「ぼくみたいなやつ」ではないからこそ、ゲンロンの新たな価値を発見できる。「ぼくみたいなやつ」はぼくしかいないし、そもそもすでにぼくがいるのだから、これ以上は必要ない。ぼくは「ぼくみたいじゃないやつ」と一緒に行動することによって、はじめてゲンロンを強くすることができるし、多様で開かれた場にすることができるのです。

ホモソーシャル性との決別

この気づきは、最近流行の言葉を使えば、ぼくがずっと抱えてきた「ホモソーシャル性」からの決別ともいうことができます。

ホモソーシャルな人間関係が問題視されるのは、要は、自分たちの思考や欲望の等質性に無自覚に依存するあまり、他者を排除してしまうからです。ひらたくいえば、同じような人間ばかりで集まっていて気持ち悪いということですが、まさに論壇や批評の世界はそのような批判を浴び続けてきました。じっさい日本の論壇は男性ばかりで、ゲンロンも同じ限界を抱えています。本書でいままで言及してきた「仲間」を見ても、宇野常寛、濱野智史、津田大介、大澤聡、黒瀬陽平、千葉雅也とみごとに同年代の男性ばかりで、女性はひとりもいません。外国人もいません。その背後には明らかに、ぼくの「ぼくみたいなやつ」ばかりを探そうとする欲望が働いています。

その状況が、２０１９年以降、上田さんの体制になって変わってきました。ぼくがいったん経営から離れたことで、ゲンロンカフェのイベントの企画やゲンロンスクールの講師陣の選択にぼくの好みが反映されなくなりました。社員の提案が多く採用されるようになり、いまではぼくがまったく知らないテーマもイベントで議論されています。登壇者や講師陣も、年齢、ジェンダーともに多様になってきました。足りないのが国籍の多様性ですが、そちらも最終章で語るように新しい展開を考えています。このまま順調にいけば、10年後には、ゲンロンがひとつの中心になって、ホモソーシャルな従来の論壇とはかなり異なった、多様な言論のネットワークが形成できるかもしれません。

皮肉なことに、それはもしかしたら、従来の「批評」の読者には満足できないものかもしれません。そこには「最先端」もなく、「シーン」もなく、ゆるやかにつながる話し手と聞き手しかいないからです。ぼくはその不満がよくわかります。ぼく自身がかつては「最先端」や「シーン」をとても大切にしていたからです。けれどもそれは変わるしかないのだというのが、本章でここまで述べてきたことです。

多様性が大切だとひとは簡単に言います。けれども、その大切さを、自らの人生に引きつけて実感するのはそれほど簡単ではありません。ぼくは２０１８年にゲンロンと自分がともにコントロール不能になった経験を通して、はじめてその大切さに気づきました。自分のなかには「ぼくみたいなやつ」を集めたいという強いホモソーシャルな欲望が巣くっている。それこそがリスクであり限界なので、意識的に対峙していかないとどうしようもない。

むろん、そんな気づきは、読者によってはいうまでもない当然のものなのかもしれません。ぼくはいま49歳ですが、40代の10年を終えようとするいまほとほと感じているのは、ぼくは長いあいだ早熟だと言われてきたけれど、じっさいは全然そんなことはなく、普通のひとなら30代や20代で発見するようなことを40代をかけてようやく発見したのだなということです。

最終章では、そのような経験を経てついに「大人」になった——今度はほんとうに大人になったと信じたいものですが――ぼくが２０２０年代にゲンロンとともになにを目指すのか、これからの構想を語りたいと思います。

第６章　新しい啓蒙へ

2020年10月27日。
リニューアルしたゲンロンカフェ。左は國分功一郎氏。
撮影＝ゲンロン

1　コロナ・イデオロギー

「誤配」は感染症対策の敵

２０２０年はゲンロン創業10周年です。２０１８年末の代表交代劇以降、ゲンロンの経営は順調に進んでいきました。平穏な２０１９年を経て、２０２０年は創業10周年を記念するお祝いの1年になるはずでした。本書自体がその関連で企画されたものだったのです。

けれどもそこに新型コロナウイルスがやってきました。感染症対策は日本だけでなく世界の常識を大きく変えつつありますが、それはゲンロンのアイデンティティを揺るがすものにもなりました。

というのも、本書をここまで読んできた方ならおわかりのように、ゲンロンが提示しようとする価値は、みな基本的に「密」が生み出すものだからです。たとえば、ゲンロンスクールで重要な役割を果たしていたのは飲み会でした。飲み会こそがコミュニティをつくり「観客」をつくる。それがぼくの主張でしたが、いまや飲み会は感染症対策の敵です。

ゲンロンカフェも同じです。カフェは2月25日のイベントを最後に、すでに半年以上お客さんを入れていません。配信の売れ行きは伸びていますが、映像だけではゲンロンが目指す価値は実現できません。チェルノブイリツアーも、２０２０年は中止を余儀なくされました。

とくに問題となるのが「友の会総会」です。第1章でも触れたのですが、ゲンロン友の会では、毎年1回会員限定のパーティを開催しています。それは２０１４年から毎年年末に開かれるようになり、巨大忘年会に成長していました。カフェ、オフィス、そして五反田駅の反対側にもうひとつ借りているアトリエの3会場を使って、深夜までさまざまなイベントを開催していました。ケータリングも出しました。クイズやマジックショーもありました。１５０人近い参加者が、登壇者も一般会員も関係なく、ドリンクを片手に飛沫を飛び散らせながら議論し、各会場を回る特別な夜になっていたのです。それは「三密」そのものです。コロナ後の常識に照らせば、とんでもない危険なイベントということになるでしょう。

けれども、そのぶん友の会総会は「誤配」に満ちていました。有名人も一般人も混在し、普段ならけっして出会わないようなひとたちが出会い、普段ならけっして話すことがないような議論をする。それこそが総会の魅力で多くの会員が楽しみにしてくれていたのです。ところが、感染症の専門家からすればそんな場は悪夢でしかない。普段なら出会わないひとたちとはできるだけ出会わない、というのが感染症を抑え込むうえでもっとも重要なことです。誤配は感染症対策の敵そのものなのです。

考えてみれば、友の会総会はそもそもインフルエンザの感染リスクも高かった。検温も体調確認もしていなかったから、じっさいインフルエンザのクラスターは発生していたかもしれません。いままではそれでも関係なく開催されていたし、参加者も多少のリスクを覚悟したうえで来場していました。これはうちだけでなく、冬のイベントはどこでも同じことです。けれどもこれからは常識が変わるかもしれません。コロナの流行が収束したとしても、インフルエンザは残ります。インフルエンザ対策にまで徹底を求められるとすれば、友の会は夏に移すほかないでしょう。

オンラインが代替できない経験

このような状況は、ゲンロンに新しい戦略を打ち出すことを迫っています。

第3章の最後で整理したように、ゲンロンはオンラインをうまく使いながら、オフラインの価値を高めることを旨としてきた会社です。オンラインの情報発信を「オフラインへの入り口」として使うことで、オンラインが消してしまいがちな「誤配」を仕掛ける、というのがゲンロンの哲学でした。

それは第4章で主題にした「観光」にも通じます。観光地の情報はオンラインで簡単に手に入ります。風景や建物の写真は検索すればたいていのものは出てきます。それはいまやチェルノブイリでも同じです。わざわざ現地まで身体を移動しなくても、情報そのものは簡単に入手できるのです。コロナ禍のため、それで十分じゃないかという気分が広がり、「オンライン観光」といった言葉も生まれています。

けれども、それはやはり観光ではないのです。オンライン観光では現地に行くまでの時間をつくることができない。旅の価値のかなりの部分は、目的地に到着するまでのいっけん無駄な時間にあります。そのときにこそひとは普段とはちがうことを考えますし、思いかけぬひとやものに出会います。そのような経験こそ「誤配」です。ゲンロンは、その無駄にこそ価値があると言ってきたわけです。

ところが、いままさにその価値観こそが否定され始めている。コロナ禍でもカフェの配信はできます。スクールの授業もオンラインでできる。でもイベントや授業が終わったあとの雑談はつくれない。ぼくはそれでは教育などできないと思う。けれど、いまの大学人は逆に、キャンパス封鎖を正当化するため、「大学はあくまでも授業をする場所であって、友人をつくったりサークル活動をするための場所ではない」と主張するようになっています。感染症への恐怖に駆動されて、多くのひとが、「オンラインで可能な清潔な情報交換だけがコミュニケーションの本体であり、感染症リスクの高い身体的な接触はノイズである」と考えるようになってしまいました。

コロナ禍が長期的な負の影響を残すとしたら、まさにこの価値観こそがそれだと思います。コロナ禍のもとで、多くの人々は、かつてにもまして「誤配」を避けるようになってしまった。

ゲンロンの哲学はその価値観に真っ向からぶつかるものです。「誤配」を求めるゲンロンの活動は、来たる2020年代には、2010年代と異なった社会的な意味をもつことになりそうです。その新しい状況にどう対応すればよいかはまだ定まっていませんけれど、最近はずっとそのことを考えています。

2　新プラットフォーム

「シラス」の思想

前章で触れた動画配信プラットフォーム開発の「その後」についても語っておきます。プラットフォームはのち「シラス」と名づけられて、2020年10月にオープンしました。

この命名には三つの理由があります。ひとつは文字どおり魚のシラス。シラスというのは、特定の魚を指す言葉ではなく、稚魚一般を指す名詞です。匿名だけど多様なネットユーザーの群れを指すのにいい言葉だと思いました。後述のように、シラス設立の目的は「非人間的なネットのなかに人間的な空間を泡のようにたくさんつくる」ことにあるのですが、その泡のあいだを稚魚が回遊するようなイメージです。

ふたつめは「知らせる」と「お白州」。情報を伝えたり、判断したりするための場ということです。

そして三つめは、少しややこしい話なのですが、古語の「しらす」。「統治する」という意味で使われ、天皇論の文脈で出てくることの多い言葉ですが、語源的には「まつる」の逆の意味の言葉だったといわれています。「しらす」が「神の言葉を知る」という意味なのに対して、「まつる」は「神の言葉を伝える」という意味であると。最近のネットではまさに「まつり」ばかりが多いので、そこに「まつりではないもの」を忍び込ませたいという思いを込めました。

半ば冗談で、ゲンロンカフェで「シラス丼」を出すなんて話もありました。コロナ禍でその楽しみもなくなってしまいましたが。


「メタゲンロンカフェ」


簡単に設立の経緯を振り返っておきます。

まえにも話しましたが、出発点はシンプルな話でした。ゲンロンカフェの放送売り上げは年々増えているのですが、その何割かはドワンゴさんに手数料として支払っています。ニコ生は便利なので喜んで支払いますが、言論を売りにする企業として、特定のプラットフォームに依存度が高いのは問題だと考えるようになりました。

　ドワンゴさんから離れるという話ではありません。ニコ生のすばらしさは、観客のコメントが画面の上に流れるように表示されて、コンテンツとはべつに観客のコミュニケーションのレイヤーがつくられるところにあります。それは独自の鑑賞文化を育んでいて、いまさら真似したくても真似できるものではありません。ゲンロンはその文化を手放すことができないので、今後もニコ生の放送は続けます。それに加えるかたちで、独自の配信プラットフォームももちたいということですね。

　アーカイブのことも考えました。ゲンロンカフェはすでに7年も続けているので、膨大な数のイベント動画がストックされている。なかには文芸評論家の加藤典洋さんのように亡くなってしまった方もいる。そのような方との対話があるので、後世うちのアーカイブは貴重な時代の証言になると思うんです。だとすれば、その公開は自社サイトでできるようになっていたほうがいいのではないかと思いました。

　そして、もしそのようなプラットフォームを開発するならば、ゲンロン以外の配信者にも公開し、いろいろなひとが自分なりのゲンロンカフェをつくれるような、いわば「メタゲンロンカフェ」になるとおもしろいのではと、夢が膨らんでいきました。

あいちトリエンナーレ騒動をはさんで

いずれにせよ、そんな思いを抱いていたところに、Dさんが現れて開発が始まり、2018年夏に頓挫したのは前述のとおりです。

そのあとどうなったか。まず友人の津田大介さんと清水亮さんに相談しました。清水さんはIT企業の経営者で、ゲンロンカフェでも開設時に出資してくれました。第3章では触れる機会がありませんでしたが、ぼくの活動に興味をもってくれて、当時はずいぶん助けてもらった「盟友」です。津田さんとも友人です。そこで2人に声をかけ、焼肉を食べながら愚痴をこぼしました。そうしたら、じゃあ3人でやろうよという話になった。嬉しかったですね。具体的には、ゲンロンと津田さんのネオローグ、そして清水さんのUEIで出資して開発しようということになったわけです。

それでいったん動き始め、秋には開発会社から見積もりをもらうところまでいきました。開発会社のグルコースさんは清水さんの紹介でした。けれども、そのタイミングで前章に述べたようなトラブルが起き、ぼくはゲンロンの代表を降りてしまうことになります。清水さんと津田さんはびっくりしたと思います。ふたたびすべてが白紙に戻り、共同開発の話も当然なくなりました。ほんとうに多くのひとに迷惑をかけました。申し訳なく思っています。

ところが世の中はわからないもので、ここでまた新しい展開になります。２０１９年も春になると、ぼくも社会復帰してきて、シラスをまた動かしたいと考えるようになりました。いま振り返ると、しばらくは反省しておとなしくしてろと思いますが、そうだったのです。そんなときに桂大介さんが現れます。

桂さんは前年の２０１８年6月に行われたチェルノブイリツアーの参加者で、若いエンジニアで起業家でした。20代で上場企業の共同創業者になり、いまはＮＰＯの支援など公共性の高い活動をしている。そんな彼が、シラスのプロジェクトに興味をもってくれた。そこでこんどは、ゲンロン、桂さん、津田さんという枠組みで動き出します。

三度目の正直というやつで、こんどは実現し、２０１９年6月に運営元になる「合同会社シラス」が誕生しました。グルコースさんに発注し、開発も始まりました。そして、それから1年強、ついにシラスがほんとうにオープンすることになったわけです。試行錯誤が長かったので感無量です。

ただ、その過程ではもういちど体制変更がありました。開発が本格的に動き出してすぐの2019年8月に、津田さんが芸術監督を務めた「あいちトリエンナーレ2019」が保守系市民の反発を買い、大きな政治問題に発展するという事件があったのです。

ここでは事件については語りません。けれども、当時のやりとりで、津田さんはやはり「アクティビスト」であって、ぼくとは生きかたがちがうと思いました。それはそれで尊敬すべきですが、ぼくがつくりたいプラットフォームはそこまで政治色を強くしたくない。ぼくの考えを伝えて、津田さんにはシラスを離れてもらうことになりました。津田さんとは長いつきあいで、震災以後はとくに親しくしており、ゲンロンカフェにも何度も出てもらっていたので、寂しく辛いお願いでした。

いずれにせよ、そのようにしていまは、シラスはゲンロンと桂さんで共同運営するプラットフォームとして動き始めています。合同会社シラスは株式会社ゲンロンとは別会社で、シラスはぼくが代表を務めています。

桂さんは、最初はチェルノブイリツアーのお客さんだっただけなのに、いつのまにかシラスの共同経営者になってしまった。これもまた「誤配」ですね。

スケールはいらない

シラスはまず、ゲンロンカフェの生中継のみを行う動画配信サイトとしてオープンします。けれども徐々にほかの配信者にも開いていく予定で、すでに何人か親しいひとには声をおかけしています。

開設にあたり、ぼくは準備サイトにつぎのような文章を寄せました。


ゲンロンを創業して10年。ゲンロンカフェを開業して７年。なぜ似た場所がもっと増えないのか、ずっと考え続けてきました。その疑問への答えがシラスです。

いまのネットは、みなが自分の一部を切り売りして閲覧数を稼ぐしかなくなっています。だからみな同じ言葉しか発せられなくなっています。けれどもネットには別の可能性もあったはずです。ツイッターとニコ生が民主主義を更新すると（少なくとも一部では）信じられた時代があった。その理想をふたたび手繰り寄せるために、人間が人間でいられるための小さな空間を、泡のようにたくさん作りたい。シラスはそんな願いを込めて開発しました。
シラスは広告モデルに頼りません。無料放送もしません。だから100万人に見られても意味がありません。いっときバズるよりも100人の心をしっかり摑む、そんな番組を作りたい配信者と、そんな番組を見たい観客をともに支援するプラットフォームを目指しています。

「シラス」
URL＝https://shirasu.io/

ぼくの思いはこの言葉に尽きています。ビジネスの観点で見た場合、シラスが特徴的なのはスケール（大規模化）に頼らないと宣言していることです。
YouTube でも Twitter でもいいですが、プラットフォームを無料で維持できるのはスケールメリットがあるからです。登録者が増えれば広告で稼げる。あるいはどこかに売り抜けることができる。だから赤字でもサービスを続けることができるわけです。

シラスは最初からスケールを追求していません。だからシラスには無料放送がありません。どういうことかというと、視聴者をどんどん増やすことによって広告でインフラ費用を賄うのではなく、最初から配信者と視聴者で負担する仕組みを目指しているということです。具体的には、配信者に対して、1時間の番組は最低これぐらいの料金で売ってください、1ヵ月にこれぐらい放送したいのであれば最低これぐらいの月額料金を取ってくださいと基準をつくっています。そうすれば無闇に視聴者を増やす必要はない。

逆に配信者の側から見れば、シラスではすべてが有料なので、内容重視で固定客を摑んだほうが儲かるということになります。YouTube は無料視聴が前提なので、配信者は、再生1回あたりではわずかな額の広告収入か投げ銭に期待するほかありません。そうなると、100万、200万の再生回数がないと話にならないということになるわけです。

けれど、それはすべての配信者が目指したいことではありません。うちとしては、むしろ数千人が見てくれたら十分というひとたちを応援したい。だから有料のシステムを考えたわけです。そもそもゲンロンカフェの生中継がそれぐらいの規模です。

「資本の蓄積」が社会と文化を壊す

有料にはべつのメリットもあります。ゲンロンカフェの7年の経験からいえることですが、たとえ少額でも、配信は有料にするだけで圧倒的に炎上しにくくなります。ゲンロンカフェには、政治家を含めてかなりの数の著名人が登壇しています。危うい発言もなされています。けれども、ほとんど炎上しません。

その理由は、そもそも発言の揚げ足とりをするようなネットユーザーは一銭も払う気がないので、少額でも十分排除できるということがあります。加えて、有料にすると、公的な場での発言ではなく「私的な空間でのおしゃべり」という印象になるという心理が働いているようです。だから新聞記事などに転用されないのだと思います。ゲンロンカフェが独特の親密な空間をつくることができた理由のひとつは、配信を有料にしたことにあります。シラスの配信者のみなさんには、ぜひ同じように親密な空間をつくってほしいと思っています。

そういう意味では、シラスは、コロナ禍で失われたオフラインの「密」を、オンラインで少しでも取り戻す試みだといってもいいかもしれません。

シラスはビジネスです。ゲンロンもビジネスです。ビジネスは結局金儲けだから、世の中を変えることなんてできないというひともいるかもしれません。ゲンロンカフェも初期のころは、社会問題を扱うならば無料で配信しろ、イベントをだれでも入れるようにしろと要求されたことがありました。

ぼくはそれはあまりに単純な考えだと思います。お金は、それを道具として使っているかぎり便利なものでしかありません。貨幣を介した商品交換自体はだれも不幸にしません。問題は「資本の蓄積」です。いまのことばでいえば「スケール」です。お金の蓄積が自己目的化し、数に人間が振り回されるようになったときに、社会と文化は壊れていくのです。この点では、いまネットで起きていることは、19世紀にマルクスが指摘した問題の延長線上にあります。

だからこそ、ぼくはネットに「スケール」を追い求めることなく、地味にお金が回っていく世界」をつくりたいわけです。100万人、1000万人を追い求めなくても、1000人、1万人の「観客」をもつことで生きていける世界。

いまは、資本主義だけでなく、反資本主義や反体制もスケールを追い求めるようになっています。本書冒頭に記したように、2010年代はSNSとデモの時代でした。SNSはまさに反資本主義や反体制の声をスケールさせる装置として使われています。そのような運動はいっけん派手です。だからマスコミも熱心に報じます。けれども多くの場合、おそろしいぐらいになにも変えない。なぜならば、いまの時代、ほんとうに反資本主義的で反体制的であるためには、まずは「反スケール」でなければならないからです。その足場がなければ、反資本主義の運動も反体制の声も、すべてがページビューとリツイート数の競争に飲み込まれてしまうからです。

だからぼくはゲンロンを「小さい会社」として続けています。そして、そのような活動こそが、ほんとうの意味で、反資本主義的で、反体制的で、オルタナティブな未来を開くと信じているのです。

3　ゲンロンの未来

観客と信者のちがい

最後にゲンロンの未来について語っておきます。といっても、奇抜な新しい計画があるわけではありません。出版から始まり、カフェ、スクール、ツアー、そしてついに動画配信プラットフォームときて、ぼくが創業時にやりたかったことは基本的に実現できました。あとは、上田さんやほかのスタッフをサポートしつつ、この「誤配スタイル」を10年後、20年後にも残せるように努力するだけです。

ゲンロンの未来はゲンロンの「観客」の未来でもあります。ゲンロンはなぜ観客を増やすことを重視するのか、その理由をもういちど言葉にしておきます。

ゲンロンはよくオンラインサロンと比較されます。比較は自由ですが、創業者としては違和感があります。

そもそもいまのゲンロンのお客さんはすべてが東浩紀の読者ではありません。カフェやスクールには、ぼくに興味がないひとが多く集まっています。東浩紀の主張に触れたいからゲンロンに来ているというひとは、少数とはいいませんが、もはや多数派ではない。この点でゲンロンは、個人のカリスマに依存するオンラインサロンとは決定的に異なります。むしろゲンロンは、シラスの開発でわかるように、複数の書き手やクリエイターが共存するプラットフォームを目指しています。

ゲンロンが目指す観客像も、オンラインサロンで想定されるユーザー像とは異なります。オンラインサロンに集う人々は、悪口で「信者」と言われることがあります。それは、オンラインサロンに集うひとが、カリスマに、論理的な判断ではなく感情でつながっていることを揶揄する表現です。

じっさいそう言われてもしかたのないタイプのひとは多くて、彼らはカリスマを愛しているあいだはどんな発言でも許し受けとめてくれますが、嫌いになると突然全否定の「アンチ」になるわけです。ぼくにもむかしはそのような「信者＝アンチ」がたくさんいました。オンラインサロンは、そんな彼らが信者であるあいだに、できるだけ効率よくお金を集めてしまおうというビジネスモデルでもあります。

けれども、ゲンロンが育てたい「観客」はそういうものではありません。出版にせよカフェにせよスクールにせよ、ぼくたちはつねに「商品」を提供しています。そしてあくまでも商品に対して対価をもらうというかたちをとっている。

じっさいには、第3章で述べたように、カフェでもスクールでも、対価をはるかに超えた「誤配」があり、むしろそれが売りになっているところがあります。それはそうなんですが、けれども原則としては「商品」を売っている。コロナ禍対策のカンパを集めるときも、ゲンロンでは、あくまでも「カンパ商品」を売るのであって、無償の寄付は求めないというかたちを取りました（むろん寄付をしていただけた方もいて、それはとても感謝しています）。それがゲンロンの倫理なのです。

観客は信者ではありません。ファンでも支援者でもない。観客はたしかにゲンロンの活動に注目してくれます。うちが出すコンテンツも買ってくれます。でもつまらなくなったら買ってくれないし、店にも足を運ばなくなる。観客とのあいだにはそのような緊張関係があります。それが大事です。

貨幣と商品の等価交換

これはゲンロンがなぜ株式会社であり、教育機関やNPOではないのかという問題とも関係しています。ゲンロンはあくまでもビジネスであることに拘《こだわ》りたい。それはお金を儲けたいからではありません（むろんお金はあればあるほどいいのですが）。そうではなくて、そもそも「観客」と「信者」のちがいというのが、商品と貨幣の交換が行われているかどうかによって決まるからなのです。

信者はお布施を渡すのであって、商品と交換するわけではありません。商品を買うかたちになっていたとしても、それは形式的なものです。けれども、観客はあくまでも商品を買っている。映画の観客であれば映画を買っている。演劇の観客であれば観劇の経験を買っている。ゲンロンの観客であれば本やイベントのクオリティを買っている。そこで交換が成立しなくなれば、観客は離れてしまう。その現実があるからこそ、ゲンロンはコンテンツのクオリティを大切にすることができる。

だからこそ、ぼくはゲンロンでもシラスでも、それがビジネスであることが大事だと思うのですね。商売とは要は商品と貨幣の交換です。それは悪いことではない。商売抜きの世界でこそ、むしろ「信者」と「アンチ」が分かれてしまう。

ぼくは『観光客の哲学』で、コミュニティには、「村人」（友）でも「よそもの」（敵）でもない第三のカテゴリの人々が必要で、それが「観光客」なのだと主張しました。ぼくがいま言っているのは、それと同じことです。観光客を集めるためには商売をするしかありません。観光客＝観客は、村が質のよい商品を提供するかぎりで、村に関心をもってくれます。それは冷淡な態度にみえるけれど、そのような人々に開かれることでのみ、ひとは「村人」と「よそもの」の世界を分割する単純な思考から抜け出せるのです。貨幣と商品の等価交換こそが、友と敵の分割を壊すのです。

ぼくは、どのようなひとにとっても、「緊張関係がありながらもずっと見守ってくれるひと」をどう維持し増やしていくかが大事だと思っています。それがぼくがいう「観客」です。シラスはその獲得を支援するようなプラットフォームを目指したい。

ひとはだれでも、観客がいなくなり「信者」と「アンチ」だけになると、すぐに言葉も作品も堕落してしまいます。じっさい、それこそが2010年代の日本の政治で起きたことです。ゲンロンの活動が広がることで、2020年代の日本の空気が少しでも変わるとよいと思っています。

後世に参照される時代の証言

ゲンロン友の会——いままでの話からすると「観客の会」と呼ぶのが正しいのかもしれませんが——は、会員が3700人ぐらいにまで増えました。肌感覚ですが、5000人ぐらいまではいまのペースで増えると予想しています。

それ以上の規模というと、あまり想像できていません。ゲンロンはそもそもスケールを求めない会社なので、大規模化の戦略もありません。

ただ、客層は今後ますます多様になっていくと考えています。というよりも、そうでないと生き残れないはずです。

ゲンロンでは、2020年4月に「ゲンロンα」というサイトを開設し、活動をいままで以上にネットで積極的にアピールしていくようにしました。その成果もあって、最近はますますゲンロンへの入り口が多様になっています。いまのお客さんはほんとうにさまざまで、10年前、同年代の男5人で飲み屋で立ち上げたことを考えると遠くに来たものだと思います。男女比の改善はまだまだですが、そちらも一歩一歩進めています。代表が女性に代わったことで――というとぼくの怠慢へのお叱りがくると思いますが、それは前提としたうえで――いまは社内でもつねにジェンダーバランスが意識されるようになりました。

シラスが成功するかどうかはわかりませんが、成功すれば、ゲンロンカフェの「誤配スタイル」がさらに広がっていくことでしょう。カフェは、この7年間、多くの登壇者の生の言葉を記録してきました。それは後世、21世紀初頭の日本を振り返ったときに貴重なアーカイブとして参照されるものになると思います。これからの10年間で、ますます充実させていけるといいですね。

アジアのネットワーク

いまの日本では、大学は全体的にうまくいっていません。東大の世界ランキングが落ちたということばかりが報道されますが、それ以前にどの大学でも教員が忙しすぎてなにもできない。原因は政策の失敗にありますが、詳しくは語りません。いずれにせよ、その状況は短期的には改善されなさそうです。

そのような状況なので、いまは大学に残れなかった有為な人材がいっぱいいると思っています。ある意味でぼくもそうかもしれませんし、代表の上田さんもそうです。彼女はもともとロシア演劇の専門家だったのですが、うまく大学に残れず、出会ったときに定職がなかったのでゲンロンを手伝ってくれた。ゲンロンは、2020年代にはそういうひとが集まる場所としても機能するとよいと思っています。そうなったら、まさに「独立したインスティテュート」です。

じつはその兆しはすでにあって、この夏には、タイ文学研究者の福冨渉さんがスタッフに加わってくれました。彼は東京外国語大学を出た優秀な研究者で、タイ語が堪能で現地の小説家と強いネットワークをもっている。2016年に、彼の企画・通訳でタイの作家プラープダー・ユンとぼくの対談をゲンロンカフェで行なったことがあり、その縁でつきあいが始まりました。プラープダーが『一般意志2・0』の英訳を読んでくれていたのです。

福冨さんがきっかけになり、ぼくもタイへの関心が深まりました。良質な文学は政治的・社会的な葛藤があるところから生まれます。日本もかつてはそうでした。ぼくは、タイの作家では、プラープダーと、あとはウティット・ヘーマムーンという彼と同年代の作家ぐらいとしか会話したことがないのですが、作家であることと社会と関わることとの関係が抽象的なイデオロギーになっておらず、複雑なわりに足が地についているように感じます。福冨さんには半ば冗談で、もしかして10年後にはタイの作家がノーベル賞をとるかもしれないからいまのうちに有望作家の翻訳権を押さえておこう、なんて相談しています。

いままで日本の言論界は欧米対日本の対立軸で動いてきましたが、もうそういう時代ではありません。香港にユク・ホイという友人がいるという話をしましたが、彼にも『ゲンロン』に寄稿してもらったり、

プラープダー・ユン（右）との記念写真。2016年3月4日の最初の対話のあと。撮影＝ゲンロン

ゲンロンカフェに登壇してもらったりしています。上田さんの紹介でウラジオストクの作家と対談したこともありました。そういうアジアの知識人ネットワークが、今後は絶対に重要になると思います。ゲンロンもそういうなかで役割を果たせたらいいと思っています。

そこではシラスも重要になると思います。シラスについては、もし経営が軌道に乗れば、将来的には自動で動画に字幕をつけ、各国語に翻訳する機能をつけようと考えています。自動翻訳の精度には限界があるでしょうが、それが実現すれば、ゲンロンカフェの「誤配スタイル」が、日本を越えて世界に広がる可能性もないとはいえません。

啓蒙とは親密で危険なコミュニケーション

ゲンロンはこの10年間、「誤配」によって「観客」を増やすという地味な活動を行なってきました。本章冒頭で語った時代状況に触れて終わるとすると、それは、同じ10年間、とりわけこの5年間ほど、日本のリベラル知識人が活動を大きくする＝スケールすることばかり考え、足下の観客＝支持者を失っていったことに対する、ぼくなりの返答でもありました。

いまの日本に必要なのは啓蒙です。啓蒙は「ファクトを伝える」こととはまったく異なる作業です。ひとはいくら情報を与えても、見たいものしか見ようとしません。その前提のうえで、彼らの「見たいもの」そのものをどう変えるか。それが啓蒙なのです。それは知識の伝達というよりも欲望の変形です。

日本の知識人はこの意味での啓蒙を忘れています。啓蒙というのは、ほんとうは観客をつくる作業です。それはおれの趣味じゃないから、と第一印象で弾いていたひとを、こっちの見かたや考えかたに搦め手で粘り強く引きずり込んでいくような作業です。それは、人々を信者とアンチに分けていてはけっしてできません。

ところが、いまの日本の知識人は信者ばかりを集めています。そして論壇誌に寄稿したり記者会見を行なったり、派手なパフォーマンスばかりをしている。いまの日本には、もっと地味に啓蒙をする知識人が必要です。そのためには、もっともっと無駄で親密で「危険」なコミュニケーションが必要です。本書で「誤配」と呼んできたものは、つまりは啓蒙のことなのです。

震災後、ぼくは哲学には社会的な役割があるのではないかと考えました。その過剰な気負いからゲンロン第1期の空回りが始まったわけですが、さまざまな紆余曲折を経ていま思うのは、啓蒙＝誤配こそがぼくとゲンロンのこの時代における使命だったのではないかということです。まわりを見渡しても、だれも似たことをやっていないので、最近はますますそう思っています。

哲学の産院

ぼくにはあまり熱狂的な信者はつかないのかもしれません。偉大だとも思われないのかもしれない。

けれども、これから10年後、20年後、「あのころ東浩紀がやっていたことはまちがいも多いけれど、そうそうバカにできないな、なんだかんだいっても尊重しないといけないな」と思ってくれるひとが多ければ、それで「啓蒙」は成功なのだと思います。右派からすればぼくには責任感が足りないのだろうし、左派からすればぼくには行動が足りないのでしょう。けれど、それでも両方の側が、欠点だらけの試行錯誤の先駆者としてぼくを見てくれるのであれば、それこそがぼくがやりたかったことです。ひとの人生には失敗ぐらいしか後世に伝えるべきものはないのですから。

哲学は知識を競うものではないし、正解を教えるものでもありません。まして敵と味方を分けるものでもありません。

むしろ哲学はあらゆる場所に宿ります。だから読者のみなさんの人生のなかにも宿っています。ぼくは職業柄、そのようなものをいつも言葉にしています。だから本書で自分の10年を哲学の言葉で振り返ることができました。けれども、ほんとうはみなさんのなかにも同じような気づき、同じような試行錯誤があるはずです。そんなみなさんには、ぜひいちど、書籍でもカフェでも配信でもスクールでもいいので、ゲンロンのコンテンツに触れてほしいと思います。きっと、それらの「商品」を満たしている「誤配」に触れることで、自分のなかのなにかに気づくはずです。

ソクラテスは哲学者は産婆なのだといいました。みなさんのなかにすでにある哲学が生まれ落ちる手伝いをする。それが本来の哲学者の役割です。ゲンロンは、そのような意味で、つねに哲学の産院であり続けたいと考えています。

あとがき

まえがきにも記したように、本書は語り下ろしである。収録は、２０２０年の1月20日、２月18日、４月20日、５月22日、６月15日の５回にわたって行われた。それゆえ、本書の語りは基本的には２０２０年６月時点でのものである。ただしデータに関わる文章については、加筆時に最新のものに差し替えた箇所がある。

本書の語りが２０２０年６月のものであること。それをここで強調するのは、収録が終わったあと、本書の記述に加えるべき残念な事件が起きたからである。

第３章で、ゲンロンの柱として「ゲンロンスクール」という事業があること、その出発点となったのは美術批評家・黒瀬陽平氏の提案による「ポストスーパーフラット・アートスクール」で、彼の講座はいまも「新芸術校」として続いているということを述べた。

ところが、2020年の7月に大きな事件が起きてしまった。黒瀬氏が、新芸術校のアシスタントの女性に対してハラスメントを行なっていたことが明らかになったのである。黒瀬氏のハラスメントは、被害者を彼自身の会社で雇用して行われたもので、新芸術校内で行われたものではない。とはいえ、被害者はゲンロンのスタッフでもあるので、ゲンロンも対応を迫られた。

ハラスメントそのものについては、8月1日に被害者によってネットで告発文が公開されるなど、すでに広く知られているので説明しない。ゲンロンはただちにカオス*ラウンジとの契約を解除し、黒瀬氏の主任講師退任を決めた。また彼の著書の出版予定も白紙に戻した。本書では黒瀬氏の名前はゲンロンの事業を支えるひとりとして言及されており、そしてじっさいにそうだったのだが、いまではゲンロンと彼およびカオス*ラウンジのあいだに業務上の関係はなにもない。

ぼくと黒瀬氏のつきあいは10年以上になる。彼はぼくが無印の『思想地図』でデビューさせた批評家で、それからいままでずっと、ぼくがバックアップするかたちになっていた。第5章で記したように、一時はゲンロンの未来を託すひとりとも考えた。その関係がこのような結末を迎えたことで、ふたたび強い反省を迫られた。本書ではホモソーシャルな人間関係との決別に触れたが、その過程はいまも続いている。

本書に記された10年は、あくまでもぼくの視点で振り返られたものである。同じできごとが他人にはまったくちがうように見えていたかもしれない。ただ、ぼくにはこの10年はこのように見えていた。

本書にはアルファベットで5名の人物が登場する(Cさんはほとんど登場しないので実質5名)。彼らは本書のなかで、ぼくが自分の愚かさに気づくきっかけとして、とても重要な役割を果たしている。だから登場してもらった。

ぼくはいまでは彼らに感謝している。彼らはみなぼくを助けてくれた。彼らの過ちはぼくの過ちだ。ぼくはXさんの流用に半年気づかなかった。Aさんの金遣いが荒かったのはぼくの金遣いが荒かったからだし、BさんやEさんが経理を放置していたのはぼくが経理を放置していたからである。ぼくが彼らのエピソードを記したのは、それなしには自分の愚かさを伝えることができなかったからにすぎない。読者のみなさんには、それ以上の詮索はないようにお願いしたい。

他方で、結果的に本書には入らなかったが、ほんとうは入れるべき話題もたくさんある。本書のベースはインタビューなので、構成には聞き手の石戸諭氏の関心が反映している。ぼくひとりでは10年を振り返る本など絶対につくれなかったし、結果的に氏の構成はとてもクリアだったのでそれでいいのだが、当事者としてはやはりこのひとに触れるならあのひとにも、このエピソードに触れるならあのエピソードにもと思うところがある。

たとえば、本書では浅子佳英氏についてまったくといっていいほど触れていない。彼は創業から2年間、ゲンロンのまさに大黒柱だった。浅子氏がいなければ、ゲンロンは『思想地図β』創刊にたどり着くことなく自然崩壊していただろう。津田大介氏にもほとんど触れていない。津田氏は、震災後の方針転換をもっとも強く支えてくれた人物で、彼がいなければ『チェルノブイリ・ダークツーリズム・ガイド』も『福島第一原発観光地化計画』も生まれなかった。ゲンロンスクールのマンガ教室についても語っていない。マンガ教室はいまではSF創作講座と同じく熱気あるコミュニティをつくりつつあり、主任講師のさやわか氏にはシラスでも協力をお願いしている。ほかにも無数の顔が思い浮かぶ。

とはいえ、そのように列挙していたら、このあとがきも終わらなくなってしまう。紙幅にも時間にも限りはある。なにかを入れればなにかを切らねばならないが、その選択にいつも完璧な理由があるわけではない。読者のみなさんにはふたたび、過剰な詮索はないようにお願いしたい。

まえがきで、本書は批評の本でも哲学の本でもないと記した。読みとおしたみなさんならわかっていただけると思うが、本書はおそらく、既存のジャンルであれば私小説あるいは自伝にもっとも近い。

私小説の出版は恥ずかしい。そして怖い。本書は多くのひとを不愉快にさせるかもしれない。露出狂的だと笑われるかもしれない。記述が不当だ、出版そのものが暴力だと怒りを買うかもしれない。このようにあとがきを書いているいまも、また失敗を繰り返しているのではないか、いまからでも出版を止めるべきではないかとの迷いが消えない。それでも出版を止めていないのは、本書のような「私小説的」で「露出狂的」な著作こそが、もしかしたらいまの哲学全体にとって必要になっているのではないかとの予感があったからである。

ぼくはもともと、カタカナだらけの、とてもややこしい現代思想の世界を専門としていた。いまでも専門書を読むことはできるし、興味深いと思うこともできる。けれども、この20年ほどの経験で、そのような専門書ではなにも伝わらないし、なにも変わらないと感じるようにもなっている。哲学は生きられねばならない。そして哲学が生きられるためには、だれかが哲学を生きているすがたを見せなければならない。それはけっして格好いいことではない。もしかしたら恥と後悔だらけのすがたかもしれない。それでもやはり見せなければならない。だれかがそのリスクを負わなければ、哲学は有閑階級の大学人の遊びにしかならない。

ぼくは批評家で哲学者である。ぼくの批評と哲学は、ゲンロンの実践抜きには存在しない。だとすれば、やはり本書は批評の本で哲学の本なのかもしれない。

ぼくはいつもあとがきで謝辞を捧げている。けれども、この本については、無数の名前が必要となるので省略したい。

ぼくと一緒に、コンテクチュアズ／ゲンロンの10年間を生きてくれたみなさんに、ひとしく感謝を捧げたいと思う。ありがとう。

２０２０年10月29日

東　浩紀

	年	月	ゲンロンの変遷	友の会期数	会員数
ゲンロン3期（拡大期）	2020	2	プラープダー・ユン『新しい目の旅立ち』刊行。	10	
		2	新型コロナウィルス感染症（COVID-19）の流行を受け、2月25日を最後にすべてのゲンロンカフェイベントを無観客での映像配信に転換。スクールも授業をしばらく休止。		
		3	コロナ対策カンパ商品発売開始。予想以上の支援をいただき感激。		
		3	大山顕『新写真論』刊行。		
		4	4月6日、創業10周年。本来は記念パーティを行うはずだったが緊急事態宣言発令前日で不可能に。かわりに放送を行う。		
		4	ポータルサイト「ゲンロンα」開設。放送と出版の融合を図る。		
		4	東浩紀『新対話篇』『哲学の誤配』同時刊行。ゲンロン10周年の目玉だったはずが、感染症対策で多くの書店が休業という悲劇に遭遇。		
		7	合同会社カオスラ内でハラスメント事件が発生。同社と契約解除。黒瀬陽平主任講師退任。新芸術校は集団指導での新体制へ。		
		8	ゲンロンカフェ、ロゴと内装をリニューアル。		
		9	五反田アトリエがゲンロン単独運営に。		
		9	『ゲンロン11』刊行。		
		10	10月1日、友の会第11期開始。会員数は第10期終了時。友の会のロゴをリニューアル。	11	3749
		10	10月19日、シラスオープン。ゲンロン完全中継チャンネルは「ニコ生版」と「シラス版」の2本立てに。		

	年	月	ゲンロンの変遷	友の会期数	会員数
ゲンロン2期（確立期）	2018	11	『マンガ家になる！』刊行。成績振るわず。	9	
		11	COMITIA126で「ひらめき☆マンガ教室」出張授業。その後も同教室では同人誌制作を授業に組み込む。		
		12	東の精神状態が急速に悪化。12月18日、東がゲンロン解散をTwitterで宣言。上田洋子が東を説得、21日付で東は代表を辞任し、同日上田が代表に就任。		
ゲンロン3期（拡大期）		12	12月23日、第8回（9期）友の会総会。		2486
	2019	1	上田体制下で社内再編。東が自宅に引きこもっているあいだに、去る社員は去り残る社員は残り、いつのまにか精鋭部隊に。		
		3	満洲取材。『ゲンロン10』掲載の東の論文「悪の愚かさについて」の柱となる。ついに東がオフィスで原稿を書けるようになる。		
		3	石田英敬＋東浩紀『新記号論』刊行。好評ですぐ増刷。		
		6	東浩紀『テーマパーク化する地球』刊行。		
		6	徳久倫康が取締役に就任。上田＆徳久体制で急速に業績回復。社内の雰囲気も大きく改善。		
		6	桂大介、津田大介らとともに合同会社シラス設立。開発再開へ。		
		8	「あいちトリエンナーレ2019」騒動。東が同芸術祭アドバイザーを辞任。津田はのちシラスを離れることに。		
		8	ユク・ホイと石田英敬を招いてゲンロンカフェではじめての英語のみイベントを開催。		
		9	『ゲンロン10』刊行。大幅リニューアル。アートディレクターは川名潤。		
		10	10月1日、友の会第10期開始。会員数は第9期終了時。	10	3069
		10	チェルノブイリ・リトアニア取材。『ゲンロン11』の東の論文の柱となる。		
		12	12月21日、第9回（10期）友の会総会。		2720

	年	月	ゲンロンの変遷	友の会期数	会員数
ゲンロン2期（確立期）	2017	11	ゲンロンライブ（のちのシラス）の社内開発が始まる。	8	
		11	『観光客の哲学』が第71回毎日出版文化賞を受賞。11月30日の授賞式後、ゲンロンカフェで盛大な祝賀会が行われる。		
		12	『ゲンロン7』刊行。前号と連続での本格的な海外思想（ロシア）特集で学界の注目を浴びる。		
		12	12月23日、第7回（8期）友の会総会。		2172
	2018	2	ゲンロンカフェ開業5周年。記念イベントなどを行う。会社急拡大。		
		3	オフィスが手狭になり、代表室（サテライトオフィス）を開設。賃貸が4ヵ所に。内装は藤原徹平デザイン。東・上田が代表室に移動し、社員との交流が希薄になる。これがのち危機につながる。		
		5	SF創作講座最優秀作『ガルシア・デ・マローネスによって救済された大地』を電子書籍で出版。のちSF創作講座卒業生の出版は「ゲンロンSF文庫」としてシリーズ化され、2020年秋現在5冊を刊行。		
		5	『ゲンロン8』刊行。ゲーム特集が炎上し、社員が対応に忙殺される。		
		6	第5回チェルノブイリツアー開催。参加者の桂大介がのちシラスに参画。		
		6	ゲンロンライブの開発が止まる。		
		8	人件費が経営を圧迫し始める。社内に不満が溜まり始める。		
		9	「ゲンロン叢書」創刊。第1弾として小松理虔『新復興論』を刊行。		
		10	10月1日、友の会第9期開始。会員数は第8期終了時。	9	2754
		10	『ゲンロン9』刊行。退社希望者が出始める。		
		11	『新復興論』が第18回大佛次郎論壇賞を受賞。		
		11	ロシア取材。取材中も社員から退社希望メールが届き、集中できず。		

	年	月	ゲンロンの変遷	友の会期数	会員数
ゲンロン2期（確立期）	2016	8	8月1日、友の会第7期開始。会員数は第6期終了時。	7	1993
		9	2泊3日の合宿型ワークショップ「利賀セミナー」を鈴木忠志とSCOTの全面協力で開催。このころから美術界や演劇界で評価が広がる。セミナーの内容は『ゲンロン5』の柱になる。		
		10	第4回チェルノブイリツアー開催。		
		11	『ゲンロン4』刊行。好評で増刷。		
		12	12月17日、第6回（7期）友の会総会。2会場でも足らず、オフィスも動員し3会場制になる。今後この規模が定着。		1995
	2017	2	ゲンロンカフェで石田英敬による記号論講義が始まる。のち2019年3月に『新記号論』として書籍化。		
		3	3月25日、「浅田彰先生の還暦を祝う会」を開催。著名人来場。		
		4	『ゲンロン0　観光客の哲学』刊行。3万部近く売れて経営状況を改善する。しかしこれがつぎの危機を呼ぶ。		
		4	ゲンロンスクール第4弾「ひらめき☆マンガ教室」開講。主任講師は西島大介とさやわか。2020年秋現在は主任講師をさやわか単独にして第4期継続中。		
		4	朝日新聞出版から『再起動する批評』刊行。早川書房から『SFの書き方』刊行。ともにゲンロンスクールの記録。スクールの試みが注目を浴び始める。		
		5	ゲンロンカフェに放送スタッフ用ブースを設置。照明機材を更新し、スタジオ機能を強化。		
		6	『ゲンロン5』刊行。		
		6	上田洋子が取締役に就任。		
		6	6月30日－7月2日、福岡、大阪、京都で「ゲンロンカフェ出張版」を開催。		
		9	『ゲンロン6』刊行。		
		10	10月1日、友の会第8期開始。会員数は第7期終了時。	8	2471

	年	月	ゲンロンの変遷	友の会期数	会員数
ゲンロン1期（創業期）	2015	5	ゲンロンカフェの動画をVimeoでも売り始める。海外からの購入・視聴が容易に。	5	
		6	ゲンロンスクール第2弾「佐々木敦 批評再生塾」開講。第4期まで開講し、2019年4月に終了。		
		6	紙の会報誌『ゲンロン通信』を終刊。かわりに月刊の電子会報誌『ゲンロン観光通信』を創刊（のちの『ゲンロンβ』）。新雑誌『ゲンロン』創刊を告知。編集部再編開始。		
		7	7月1日、友の会第6期開始。会員数は第5期終了時。	6	1791
		9	カオス＊ラウンジとの共同運営で「五反田アトリエ」を開設。五反田の拠点が3ヵ所に。		
		10	第3回チェルノブイリツアー開催。		
ゲンロン2期（確立期）		12	『ゲンロン1』刊行。最初の特集は「現代日本の批評」。部数を絞ったスマートな編集体制にし、批評の原点に立ち戻ることを宣言。		
		12	12月26日、第5回（6期）友の会総会。カフェとアトリエの2会場を使った巨大徹夜忘年会の形式が定着する。		1751
	2016	3	タイの作家、プラープダー・ユンがゲンロンカフェに登壇。このころから海外との交流が増える。企画・通訳した福冨渉は2020年夏に社員になる。		
		4	『ゲンロン2』刊行。		
		4	韓国取材。『ゲンロン3』の柱に。		
		4	ゲンロンスクール第3弾「大森望 SF創作講座」開講。2020年秋現在は第5期継続中。		
		4	『ゲンロン観光通信』を『ゲンロンβ』と改称。以後『ゲンロン』（紙で年数回刊）『ゲンロンβ』（電子で月刊）の2誌体制となる。		
		5	5月26日－27日、那覇で「ゲンロンカフェ出張版」を開催。		
		6	ゲンロンこども教室最初のBBQパーティを城南島海浜公園にて開催。大好評。		
		7	『ゲンロン3』刊行。		

	年	月	ゲンロンの変遷	友の会期数	会員数
ゲンロン1期（創業期）	2013	11	ゲンロン企画チェルノブイリツアー開始。	4	
		11	『福島第一原発観光地化計画』（思想地図β vol. 4－2）刊行。まったく売れず、業務縮小あるいは廃業を本気で考え始める。人員削減。ここから2年間、商業向けの出版を再開できず。		
		11	ゲンロン完全中継チャンネルの月額会員開始。会員55人、月間売上170万円強（都度課金売上含む）のスタート。		
		12	福島第一・第二原発を取材。		
		12	12月24日－28日、「『フクシマ』へ門を開く――福島第一原発観光地化計画展2013」を開催。		
	2014	2	2月1日、第3回（4期）友の会総会。		1793
		5	黒瀬陽平（カオス＊ラウンジ）を主任講師に迎え、「ポストスーパーフラット・アートスクール」を開設。この経験がのちゲンロンスクールのプログラム設計に生きる。		
		7	7月1日、友の会第5期開始。会員数は第4期終了時。	5	1884
		7	7月5日－8月9日、「南相馬に日本一の塔があった」展を開催。このころはゲンロンカフェを展示会場として使うという構想があった。		
		11	第2回チェルノブイリツアー開催。この回から東浩紀も同行。		
		12	12月20日、第4回（5期）友の会総会。寿司ブースが現れて大好評を博す。		1743
	2015	1	実務担当が退職。極限までスタッフが減り、ついに東・上田・徳久の3人で領収書を打ち込む日々が始まる。		
		1	大山顕＋東浩紀『ショッピングモールから考える』を電子書籍で刊行。当時は紙書籍を刊行する体力がなかったが、編集経験はのちに生きた。		
		4	ゲンロンスクール開始。「カオス＊ラウンジ 新芸術校」開講。2020年秋現在は「新芸術校」と名称を変更し、第6期継続中。このころから経営が立ち直り始める。		

	年	月	ゲンロンの変遷	友の会期数	会員数
ゲンロン1期（創業期）	2012	10	福島県南相馬市で福島第一原発観光地化計画ワークショップ開催。	3	
		11	ゲンロンカフェ構想立ち上がる。株式会社 UEI（代表：清水亮、当時）らとともに合同会社ゲンロンカフェを設立。オフィスの近くに店舗物件を借りる。内装工事などでさらに資金がなくなる。		
		12	上田洋子がチェルノブイリ取材の通訳兼コーディネーターとして参加。上田はのち社員になり代表になる。		
	2013	2	2月1日、ゲンロンカフェ開業。1月25日に関係者向けのオープニングパーティを開く。初期は UEI との共同運営で「文理融合」のプログラムを模索したが、すぐにゲンロン単独運営体制に。		
		2	東浩紀対談集『震災ニッポンはどこへいく』刊行。やはり売れず。		
		4	チェルノブイリ取材のためのクラウドファンディングを実施。支援総額6,095,001円で当時の CAMP-FIRE 歴代1位を達成。		
		4	チェルノブイリ取材旅行。ライターとして津田大介と開沼博、写真家として新津保建秀が参加。ますます資金がなくなる。		
		7	『チェルノブイリ・ダークツーリズム・ガイド』（思想地図β vol. 4－1）刊行。		
		7	7月1日、友の会第4期開始。会員数は第3期終了時。	4	2452
		9	ゲンロンカフェのイベントをニコ生で配信・販売し始める。最初は単独販売のみ。苦肉の策だったが、のちにこれが拡大しゲンロン全体を救うことに。		
		9	いよいよ資金がなくなってくる。東が海外出張中、来月の給与が払えないと電話。個人資金でつなぎつつ、借金を繰り返す。		
		10	ゲンロンこども教室（アート部門）開始。地味ながらも息の長い人気コンテンツで（2020年秋現在コロナで休止中）、会員のお子さん同士の交流も生まれる。		

	年	月	ゲンロンの変遷	友の会期数	会員数
ゲンロン1期（創業期）	2012	1	『震災から語る』（ニコ生対談本1）刊行。成績振るわず。	2	
		1	1月28日に第2回（2期）友の会総会。		1866
		2	ブランド名として「ゲンロン」を設定。会報誌を『ゲンロンエトセトラ』としてリニューアル。原則A5モノクロ。途中から『ゲンロン通信』。2015年6月まで続く。全17号（合併号があり全15冊）。同誌の編集経験がのちの『ゲンロン』に生きる。		
		2	4月の組織変更を前に浅子佳英が退社。創設時のメンバーは東のみとなる。		
		3	『メディアを語る』（ニコ生対談本2）刊行。同じく成績振るわず。		
		3	『日本 2.0』グラビア撮影のためにサイパンロケを敢行。資金がどんどんなくなる。		
		3	ついに借金をし始める。		
		4	株式会社に組織変更。社名を「株式会社ゲンロン」に。代表取締役は東浩紀。		
		4	徳久倫康入社。大学卒業を機にバイトから社員になる。2020年秋現在最古参。そして唯一の新卒採用。		
		4	批評家養成塾「ゲンロンファクトリー」を試験的に始める。のちの「批評再生塾」につながる。しかし話題にならず。		
		5	人文書書評配信サービス・メルマガ「ゲンロンサマリーズ」を開始。2013年6月まで108号続く。購読者伸びず。		
		7	『日本 2.0——思想地図β vol. 3』刊行。初版部数2万部。定価3200円（税別）。初版印刷費総額10,146,347円。評価は高かったが、あまりにも豪華なつくりで売上のわりに利益出ず。		
		7	7月1日より友の会第3期開始。会員数は第2期終了時。	3	2168
		8	ゲンロンのロゴ作成。デザインは加藤賢策（現・ラボラトリーズ）。加藤は2018年ごろまでゲンロンのデザインを一手に担う。		

ゲンロンの歩み

文責：東浩紀

	年	月	ゲンロンの変遷	友の会期数	会員数
ゲンロン0期（黎明期）	2010	4	東浩紀、浅子佳英が中心となって合同会社コンテクチュアズを設立。登記日は4月6日。業務はすべてオンライン。代表は別人物。		
		6	友の会を創設。ニコ生での公開編集会議から生まれた。	1	166
		8	会報誌『しそちず！』創刊。1号～4号はA4フルカラー、5号～8号はB4フルカラー。2011年12月発行号までほぼ隔月で続く。		
		9	東京・四谷にシェアオフィスを借りる。		
		12	『思想地図β vol. 1』刊行。3万部近く売れて大成功。		
	2011	1	代表による使い込みが発覚。代表交代。東が新代表に。		
		2	2月26日に第1回（1期）友の会総会を開催。豪華スタッフ・キャストによる伝説のホモソーシャル・パロディ映画『AZM48 the movie ビギンズナイト』が公開され、さまざまな波紋を呼ぶ。		1362
ゲンロン1期（創業期）		3	3月11日、東日本大震災発生。これを機に運営方針が変わっていく。		
		4	オフィスを五反田に移転。会社拡大。		
		4	オフィスの壁に設置された梅沢和木作の絵画がネットで批判に曝される。		
		5	ドワンゴ公式放送「ニコ生思想地図」が始まる。2012年9月まで13回続く（超会議2012での出張版を含む）。うち11回がオフィスでの収録。初回ゲストは和合亮一。最終ゲストは猪瀬直樹。この運営経験がのちゲンロンカフェの放送に生きる。		
		7	7月1日より友の会第2期開始。会員数は第1期終了時。	2	1613
		9	『思想地図β vol. 2』刊行。利益ではなく売上の3分の1を被災地に寄付したため、利益がほぼゼロになる。このあたりから資金が怪しくなってくる。		

聞き手・構成／石戸諭
図表作成・本文ＤＴＰ／市川真樹子

ラクレとは…la clef＝フランス語で「鍵」の意味です。
情報が氾濫するいま、時代を読み解き指針を示す
「知識の鍵」を提供します。

中公新書ラクレ
709

ゲンロン戦記《せんき》

「知《ち》の観客《かんきゃく》」をつくる

2020年12月10日初版
2020年12月25日 3版

著者……東《あずま》 浩紀《ひろき》

発行者……松田陽三
発行所……中央公論新社
〒100-8152 東京都千代田区大手町 1-7-1
電話……販売 03-5299-1730　編集 03-5299-1870
URL http://www.chuko.co.jp/

本文印刷……三晃印刷
カバー印刷……大熊整美堂
製本……小泉製本

Published by CHUOKORON-SHINSHA, INC.
Printed in Japan ISBN978-4-12-150709-9 C1295

中公新書ラクレ　好評既刊

L601
ひとまず、信じない
――情報氾濫時代の生き方
押井　守 著

世界が認める巨匠がおくる幸福論の神髄。ネットが隆盛し、フェイクニュースが世界を覆う時代、何が虚構で何が真実か、その境界線は曖昧である。こういう時代だからこそ、所与の情報をひとまず信じずに、自らの頭で考えることの重要さを著者は説く。幸せになるために成すべきこと、社会の中でポジションを得て生き抜く方法、現代日本が抱える問題についても論じた、押井哲学の集大成とも言える一冊。

L646
安彦良和の戦争と平和
――ガンダム、マンガ、日本
杉田俊介 著

『機動戦士ガンダム』の生みの親の一人であり、マンガ家として歴史や神話を題材にした傑作を世に問うてきた安彦良和。『宮崎駿論』などで注目される気鋭の批評家が20時間にわたって聞き取った、「ガンダム」の神髄とマンガに込められたメッセージとは？　２０１９年は『機動戦士ガンダム』テレビ放送開始から40周年。戦争・歴史マンガの多彩で豊饒な作品世界、日本の歴史、あの戦争、いまの社会――。40年を超える、過去から未来への白熱討論！

L695
回想のすすめ
――豊潤な記憶の海へ
五木寛之 著

不安な時代にあっても変らない資産がある。それは人間の記憶、一人ひとりの頭の中にある無尽蔵の思い出だ。年齢を重ねれば重ねるほど、思い出が増えていく。記憶という資産は減ることはない。齢を重ねた人ほど自分の頭の中に無尽蔵の資産があり、その資産をもとに無限の空想、回想の荒野のなかに身を浸すことができる。これは人生においてとても豊かな時間なのではないだろうか。最近しきりに思うのだ。回想ほど贅沢なものはない。